अक्षरमाला

akṣaramālā

A Beginners book for Hindi

सम्पादन समूह: भूपेन्द्र मौर्य, मंजू मौर्य, रीना शर्मा, अंबर तोलाट, रंजीता सिंव्हल, स्नेहा काटकर, अमीतु मेहता, केन्द्रा सिंह

Second Edition 2012

प्रकाशक: वैदिक विद्यालय Vedic Vidyalay

SCHOOL OF INDIAN LANGUAGES, ARTS, AND SCIENCES

http://www.VedicVidyalay.org

Tel: +1(732) 305-0509

www.VedicVidyalay.org
info@VedicVidyalay.org
Tel:(732) 305-0509

वैदिक विद्यालय: Vedic Vidyalay

A New Jersey non-profit volunteer organization

School of Indian languages, Arts and Sciences

कक्षा के समय प्रार्थना / Prayer before class

सरस्वति नमस्तुभ्यं वरदे कामरूपिणि।	sarasvati namastubhyaṁ varadē kāmarūpiṇi
विद्यारम्भं करिष्यामि सिद्धिर्भवतु मे सदा॥	vidyārambhaṁ kariṣyāmi siddhirbhavatu mē sadā
गुरुर्ब्रह्मा गुरुर्विष्णु: गुरुर्देवो महेश्वर:।	gururbrahmā gururviṣṇu: gururdēvō mahēśvara:
गुरु: साक्षात्परं ब्रह्म तस्मै श्रीगुरवे नम:॥	guru: sākṣātparaṁ brahm tasmai śrīguravē nama:
ॐ सह नाववतु सह नौ भुनक्तु	ōṁ sah nāvavatu sah nau bhunaktu
सह वीर्यं करवावहै।	sah vīryaṁ karavāvahai
तेजस्विनावधीतमस्तु मा विद्विषावहै॥	tējasvināvadhītamastu mā vidviṣāvahai
ॐ शांति: शांति: शांति: ।	ōṁ śāṁti: śāṁti: śāṁti:

प्रात: प्रार्थना / Morning Prayer

कराग्रे वसते लक्ष्मीः करमूले सरस्वती।	karāgrē vasatē lakṣmīḥ karamūlē sarasvatī
करमध्ये तु गोविन्दः प्रभाते करदर्शनम् ॥	karamadhyē tu gōvindaḥ prabhātē karadarśanam
समुद्रवसने देवी पर्वतस्तन मण्डले।	samudravasanē dēvī parvatastan maṇḍalē
विष्णुपत्नी नम्स्तुभ्यं पादस्पर्शं क्षमस्वमे॥	viṣṇupatnī namstubhyaṁ pādasparśaṁ kṣamasvamē

भोजन के समय की प्रार्थना / Mealtime prayer

यज्ञशिष्टाशिन: सन्तो मुच्यन्ते सर्वकिल्बषै:।	yajñaśiṣṭāśina: santō mucyantē sarvakilbaṣai:
भुज्यन्ते ते त्वघं पापा ये पचन्त्यात्म कारणात् ॥	bhujyantē tē tvaghaṁ pāpā yē pacantyātm kāraṇāt
यत्करोषि यदश्नासि यज्जुहोषि ददासि यत्।	yatkarōṣi yadaśnāsi yajjuhōṣi dadāsi yat
यत्तपस्यसि कौन्तेय तत्कुरुष्व मदर्पणम् ॥	yattapasyasi kauntēy tatkuruṣv madarpaṇam
अहं वैश्वानरो भूत्वा प्राणिनां देहमाश्रित: ।	ahaṁ vaiśvānarō bhūtvā prāṇināṁ dēhamāśrita:
प्राणापानसमायुक्त: पचाम्यन्नं चतुर्विधम् ॥	prāṇāpānasamāyukta: pacāmyannaṁ caturvidham
ॐ सह नाववतु सह नौ भुनक्तु	ōṁ sah nāvavatu sah nau bhunaktu
सह वीर्यं करवावहै।	sah vīryaṁ karavāvahai
तेजस्विनावधीतमस्तु मा विद्विषावहै॥	tējasvināvadhītamastu mā vidviṣāvahai
ॐ शांति: शांति: शांति:।	ōṁ śāṁti: śāṁti: śāṁti:

Dear Students and Parents,

This book uses a transliteration scheme with Latin alphabet, please see the table below to familiarize. For long matras a bar above letter is used like ā as in "card". Another difference is c for च as in chat. The ट series has a dot at bottom like ṭ. For bindus an ṁ is used.

Vedic Vidyalay editing group

अ	आ	इ	ई	उ	ऊ	
a	ā	i	ī	u	ū	
ए	ऐ	ओ	औ	अं	अः	ऋ
ē	ai	ō	au	aṁ	aḥ	ṛ
क	ख	ग	घ	ङ		
ka	kha	ga	gha	ṅa		
च	छ	ज	झ	ञ		
ca	cha	ja	jha	ña		
ट	ठ	ड	ढ	ण		
ṭa	ṭha	ḍa	ḍha	ṇa		
त	थ	द	ध	न		
ta	tha	da	dha	na		
प	फ	ब	भ	म		
pa	pha	ba	bha	ma		
य	र	ल	व			
ya	ra	la	va			
श	ष	स	ह			
śa	ṣa	sa	ha			
क्ष	त्र	ज्ञ	श्र	ड़	ढ़	
kṣa	tra	jña	śra	ṛa	ṛha	

अ

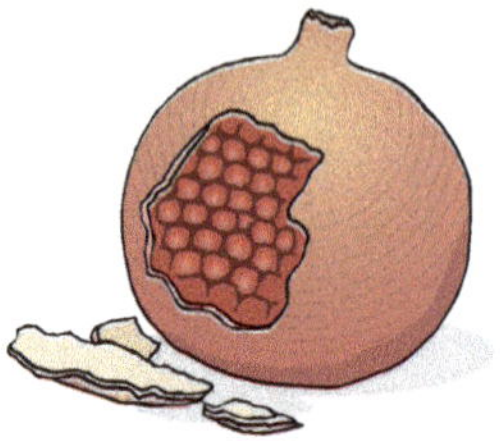

अनार anār

Pomegranate

सूर्य नमस्कार के अभ्यास से हम स्वस्थ रहते हैं।

sūryanamaskār kē abhyās sē ham svasth rahatē haiṁ

We remain healthy with practice of sun salutation.

अजगर ajagar

Python

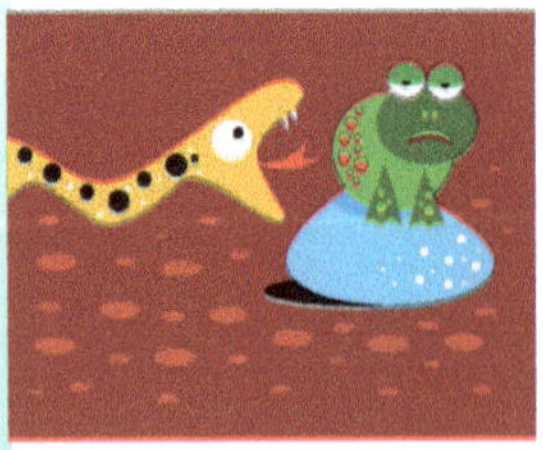

मुझे अंधेरे और अजगर से डर लगता है।

mujhē aṁdhērē aur ajagar sē ḍar lagatā hai

I am scared of the dark and pythons.

अंधेरा aṁdhērā

Darkness

अदरक स्वास्थ्य के लिए अच्छा है।

adarak swāsthy kē liē acchā hai

Ginger is good for the health.

अदरक adarak

Ginger

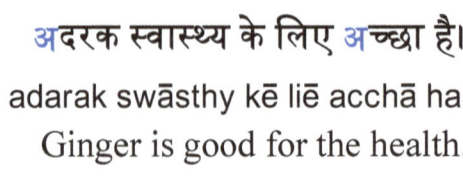

मेरी अध्यापिका अभ्यास कराती हैं।

mērī adhyāpikā abhyās karātī haiṁ

My teacher makes us practice.

अ अ अ अ अ अ अ

a as in cup

अन्नानास annānās

Pineapple

दिनांक _ _ _ _ _ _ _

दिनांक _ _ _ _ _ _ _

अध्यापिका adhyāpikā

Female Teacher

दिनांक _ _ _ _ _ _ _

अभ्यास abhyās

Practice

दिनांक _ _ _ _ _ _ _

आ

आम ām
Mango

आटा āṭā
Flour

आग āg
Fire

आकाश ākāś
Sky

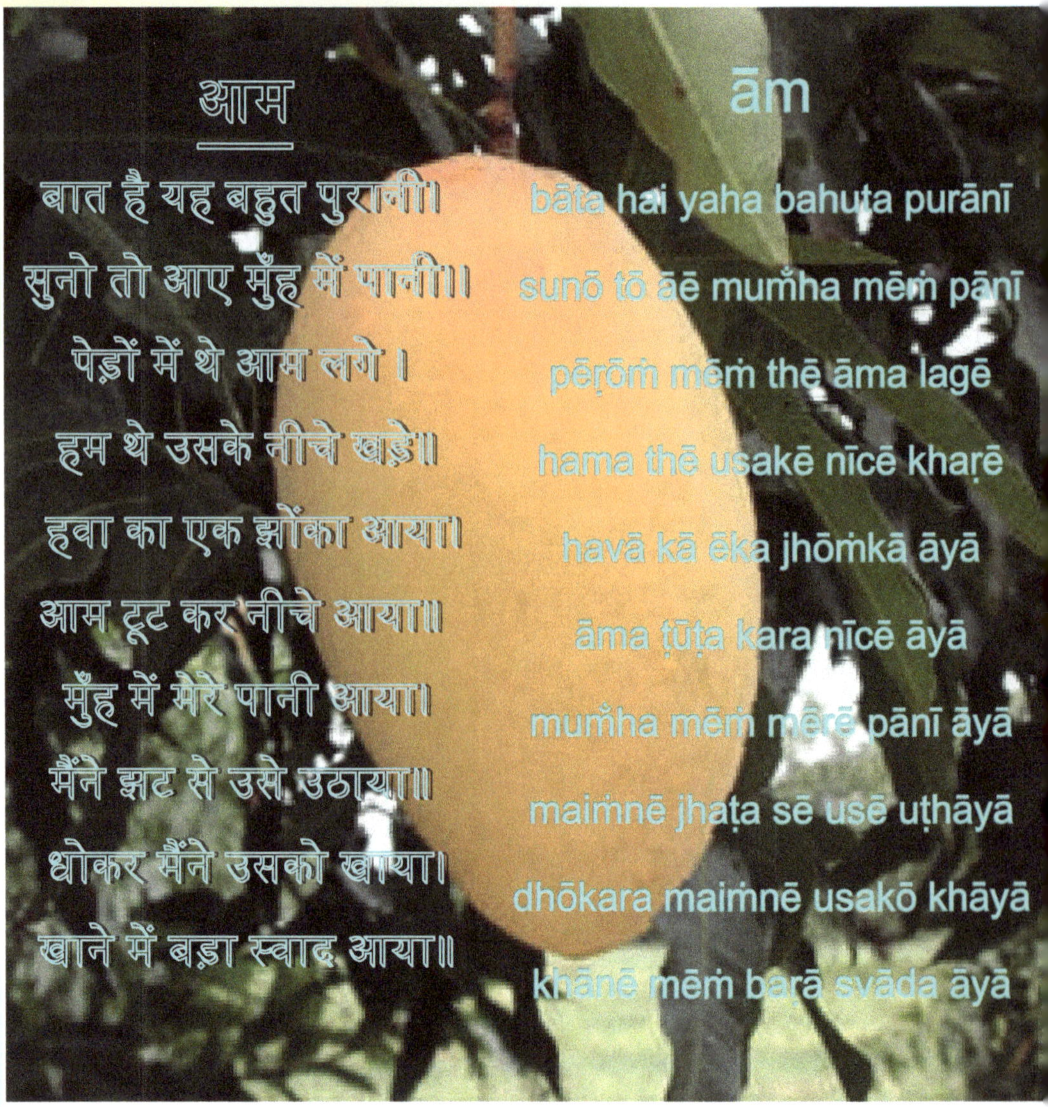

आम	ām
बात है यह बहुत पुरानी।	bāta hai yaha bahuta purānī
सुनो तो आए मुँह में पानी।।	sunō tō āē mum̐ha mēm̐ pānī
पेड़ों में थे आम लगे ।	pēṛōm̐ mēm̐ thē āma lagē
हम थे उसके नीचे खड़े।।	hama thē usakē nīcē khaṛē
हवा का एक झोंका आया।	havā kā ēka jhōm̐kā āyā
आम टूट कर नीचे आया।।	āma ṭūṭa kara nīcē āyā
मुँह में मेरे पानी आया।	mum̐ha mēm̐ mērē pānī āyā
मैंने झट से उसे उठाया।।	maim̐nē jhaṭa sē usē uṭhāyā
धोकर मैंने उसको खाया।	dhōkara maim̐nē usakō khāyā
खाने में बड़ा स्वाद आया।।	khānē mēm̐ baṛā svāda āyā

रोटी आटे से बनती है।
rōṭī āṭē sē banatī hai
Roti is made out of flour.

आग की लपटें आकाश की ओर जा रहीं थीं।
āg kī lapaṭēm̐ ākāś kī ōr jā rahīm̐ thīm̐
Flames were reaching towards the sky.

मुझे हिन्दी कक्षा में आना अच्छा लगता है।
mujhē hindī kakṣā mēm̐ ānā acchā lagatā hai
I like to come to Hindi class.

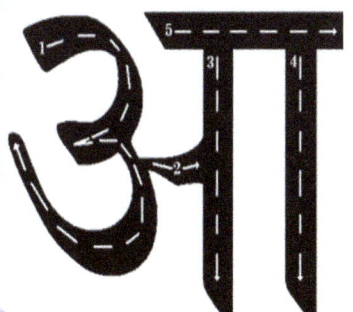

आ

आ आ आ आ आ आ आ

ā as in Far

आदमी ādamī

Man

दिनांक _______

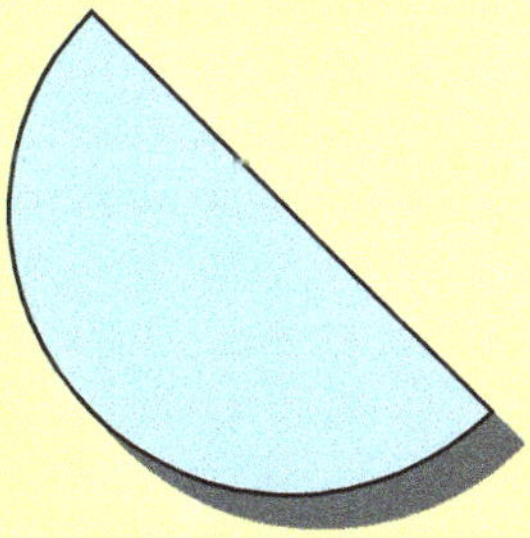

दिनांक _______

आधा ādhā

Half

दिनांक _______

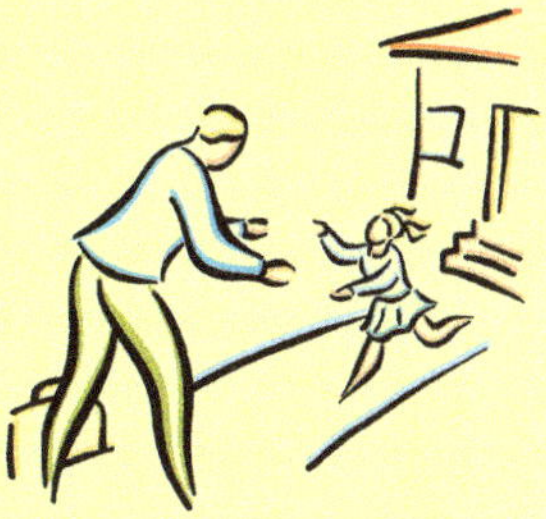

आना ānā

Come

दिनांक _______

इ

इमली imalī

Tamarind

इधर idhar

Here

इलायची ilāyacī

Cardamom

इडली iḍalī

Idalee

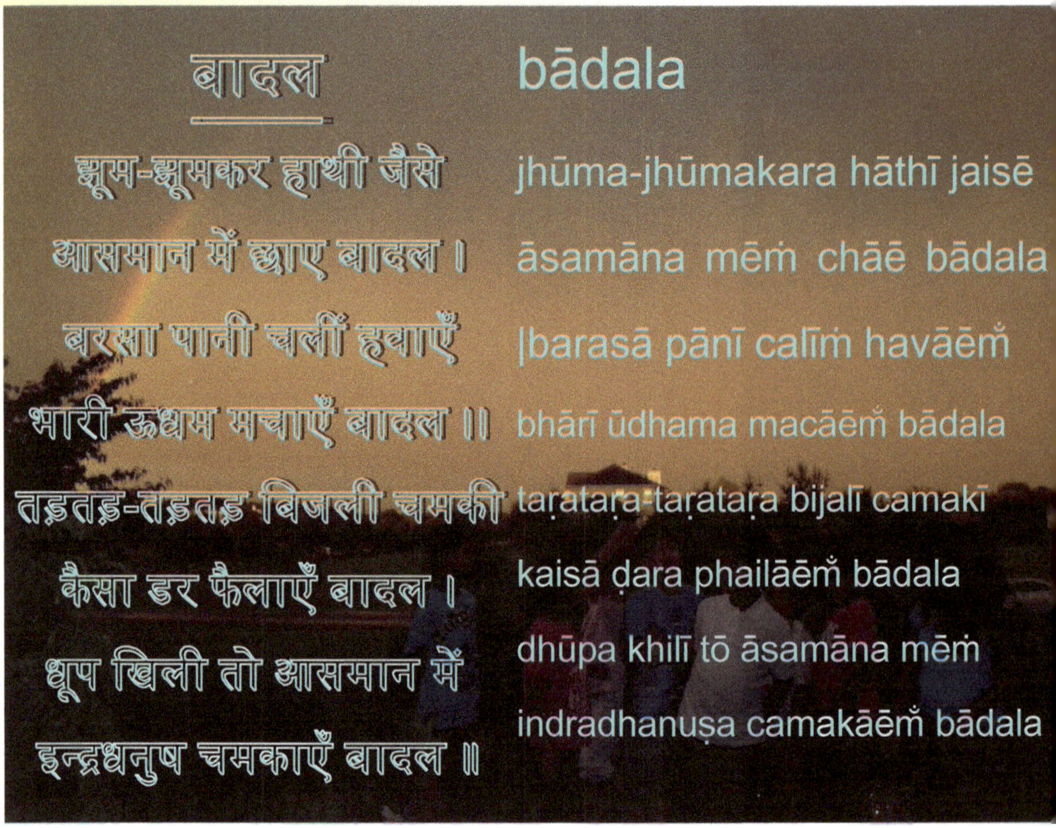

बादल bādala

झूम-झूमकर हाथी जैसे	jhūma-jhūmakara hāthī jaisē
आसमान में छाए बादल।	āsamāna mēṁ chāē bādala
बरसा पानी चलीं हवाएँ	|barasā pānī calīṁ havāēṁ
भारी ऊधम मचाएँ बादल॥	bhārī ūdhama macāēṁ bādala
तड़तड़-तड़तड़ बिजली चमकी	taṛataṛa-taṛataṛa bijalī camakī
कैसा डर फैलाएँ बादल।	kaisā ḍara phailāēṁ bādala
धूप खिली तो आसमान में	dhūpa khilī tō āsamāna mēṁ
इन्द्रधनुष चमकाएँ बादल॥	indradhanuṣa camakāēṁ bādala

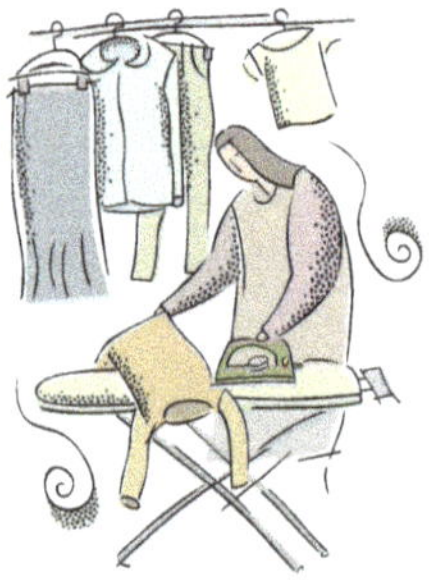

इस्तरी करने से कपड़े सीधे हो जाते हैं।

istarī karanē sē kapaṛē sīdhē hō jātē haiṁ

Ironing flattens out wrinkles in your clothes.

अमेरिका का इतिहास लगभग ३०० साल का है।

amērikā kā itihās lagabhag 300 sāl kā hai

America has a history of roughly 300 years.

इडली मुलायम होती है।

iḍalī mulāyam hōtī hai

The Idalee is soft.

इ इ इ इ इ इ इ

i as in hit

इतिहास itihās

History

दिनांक _______

दिनांक _______

इस्तरी istarī

Iron

दिनांक _______

दिनांक _______

इस्पात ispāt

Steel

ई

ईश्वर īśvar

God

ईंधन īṁdhan

Fuel

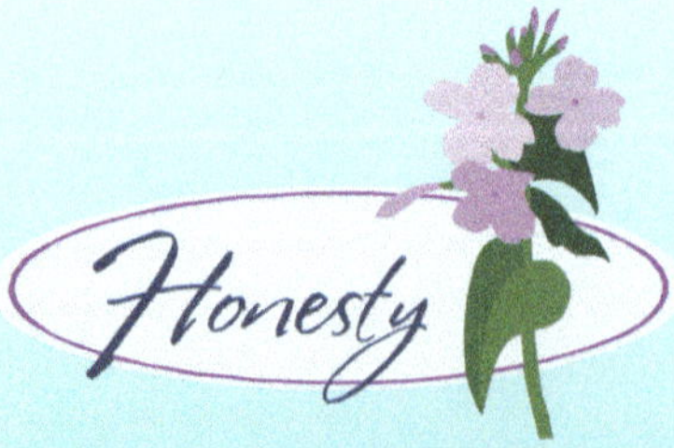

ईमानदारी īmānadārī

Honesty

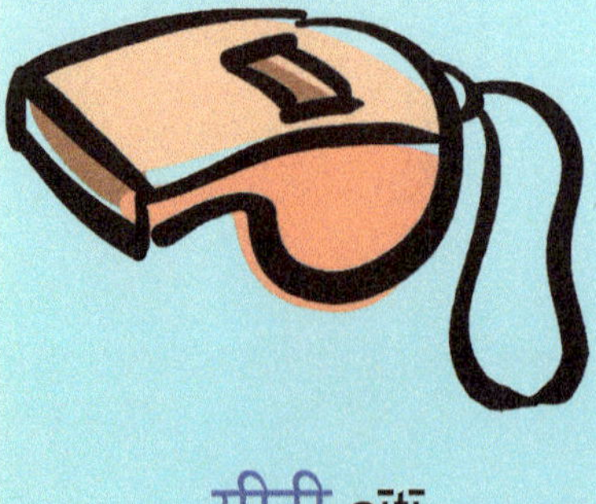

सीटी sīṭī

Whistle

चोर सच बोलने से ईमानदार बन गया।

cōr sac bōlanē sē īmānadār ban gayā

The thief became honest by speaking the truth.

कार को चलने के लिए ईंधन चाहिए।

kār kō calanē kē liē īṁdhan cāhiē

Cars need fuel to run.

ईंट के घर मजबूत होते हैं।

īṁṭ kē ghar majabūt hōtē haiṁ

Brick houses are strong.

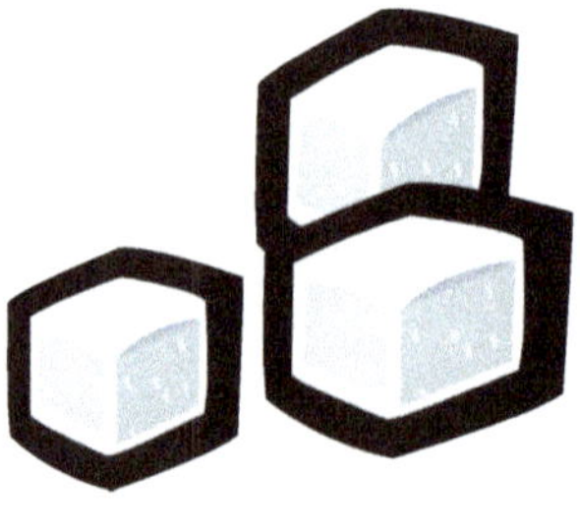

ईख से चीनी बनती है।

īṁkh sē cīnī banatī hai

Sugar is made out of sugarcane.

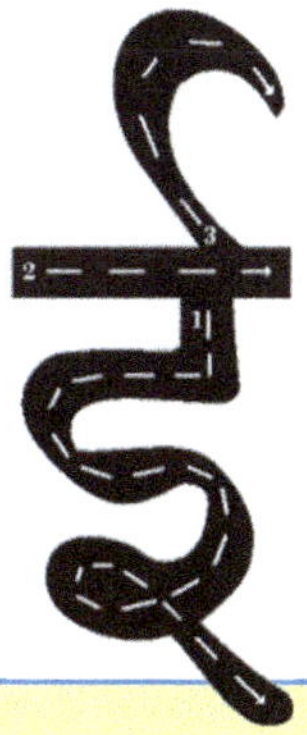

ī as in meet

ईंट īṁṭ

Brick

ईख īkh

Sugar cane

मीठी mīṭhī

Sweet

दिनांक _ _ _ _ _ _ _

दिनांक _ _ _ _ _ _ _

दिनांक _ _ _ _ _ _ _

दिनांक _ _ _ _ _ _ _

उ

उल्लू ullū
Owl

उलटा ulaṭā
Upside down

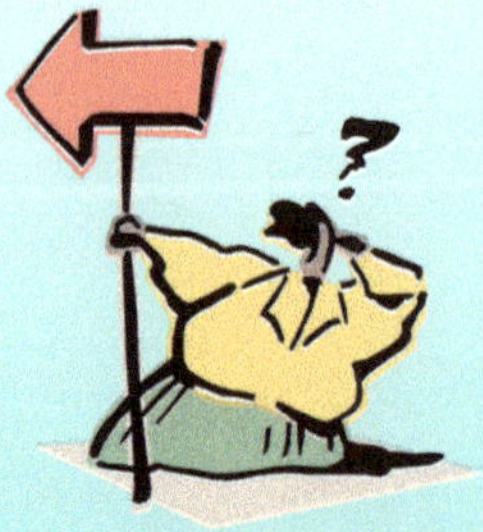

उधर udhar
There

उँगली um̐galī
Finger

उल्लू ullū Owl

उल्लू होता सबसे न्यारा,
दिखे इसे चाहे अँधियारा।
लक्ष्मी का वाहन कहलाए,
तीन लोक की सैर कराए।
हलधर का यह साथ निभाता,
चूहों को यह चट कर जाता।
पुतली को ज्यादा फैलाए,
दूर-दूर इसको दिख जाए।
पीछे भी यह देखे पूरा,
इसको पकड़ न पाए जमूरा।
जग में सभी जगह मिल जाता,
गिनती में यह घटता जाता।
ज्ञानीजन सारे परेशान,
कहाँ गए उल्लू नादान।।

ullū hōtā sabasē nyārā,
dikhē isē cāhē am̐dhiyārā
lakṣmī kā vāhana kahalāē,
tīna lōka kī saira karāē
haladhara kā yaha sātha nibhātā,
cūhōṁ kō yaha caṭa kara jātā
putalī kō jyādā phailāē,
dūra-dūra isakō dikha jāē
pīchē bhī yaha dēkhē pūrā,
isakō pakaṛa na pāē jamūrā
jaga mēṁ sabhī jagaha mila jātā,
ginatī mēṁ yaha ghaṭatā jātā
jñānījana sārē parēśāna,
kahām̐ gaē ullū nādāna

उल्लू रात को उड़ता है।
ullū rāt kō uṛatā hai
Owls fly in the night.

चमगादड़ दिन में उलटा लटका रहता है।
camagādaṛ din mēṁ ulaṭā laṭakā rahatā hai
Bats hang upside down in the day.

सीढ़ी उतरते समय उछलना नहीं चाहिए।
sīṛhī utaratē samay uchalanā nahīṁ cāhiē
Do not jump down the stairs.

उ उ उ उ उ उ उ

u as in p<u>u</u>t

उतरना utaranā

To step down

दिनांक _______

दिनांक _______

उड़ना uṛanā

To fly

दिनांक _______

उछलना uchalanā

To jump

दिनांक _______

ऊ

ऊपर ūpar

Up

ऊन ūn

Wool

ऊँट ūm̐ṭ

Camel

ऊँचा ūm̐cā

High

भेड़ के बच्चे से कालू का ऊबना खत्म हो गया।

bhēṛ kē baccē sē kālū kā ūbanā khatm hō gayā

After getting a pet lamb Kalu was no longer bored.

मेरी दादी ऊँन से स्वेटर बनाती है।

mērī dādī ūm̐n sē svēṭar banātī hai

My grandma makes sweaters with wool.

ऊँट की सवारी से कोई ऊबता नहीं है।

ūm̐ṭ kī savārī sē kōī ūbatā nahīṁ hai

No one gets bored on a camel ride.

सूरज से ऊष्मा मिलती है।

sūraj sē ūṣmā milatī hai

The sun gives off heat.

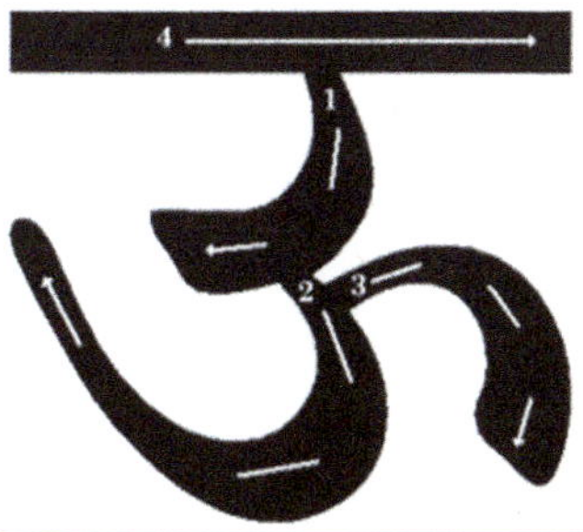

ऊ ऊ ऊ ऊ ऊ ऊ ऊ

ū as in Boot

ऊँघना ūm ghanā

Sleepy

दिनांक _______

दिनांक _______

ऊबना ūbanā

Bored

दिनांक _______

ऊष्मा ūṣmā

Heat

दिनांक _______

ए

एक ēk

One

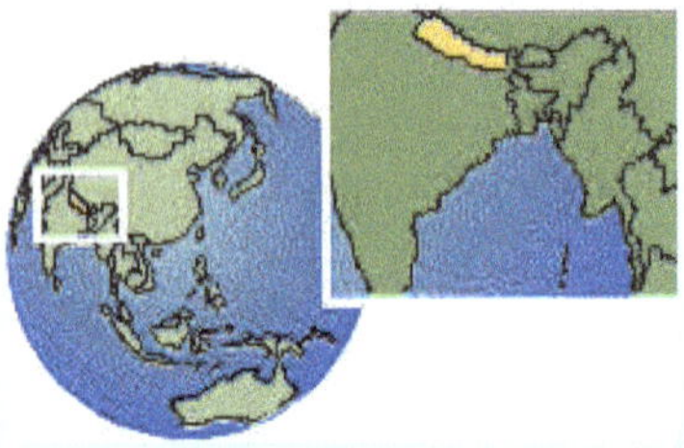

एशिया ēśiyā

Asia

एकांत ēkāṁt

Alone

एकत्र ēkatr

Gather

एकता में ताकत होती है।

ēkatā mēṁ tākat hōtī hai

Unity has strength.

भारत एशिया में है।

bhārat ēśiyā mēṁ hai

India is in Asia.

परेड़ में एकत्र हुए लोगों मे एकता होती हैं।

parēṛ mēṁ ēkatr huē lōgōṁ mē ēkatā hōtī haiṁ

People in a parade have unity.

वह लोगों को देखकर एकदम भौंचक्का हो गया।

vah lōgōṁ kō dēkhakar ēkadam bhauṁcakkā

He was surprised to see others there.

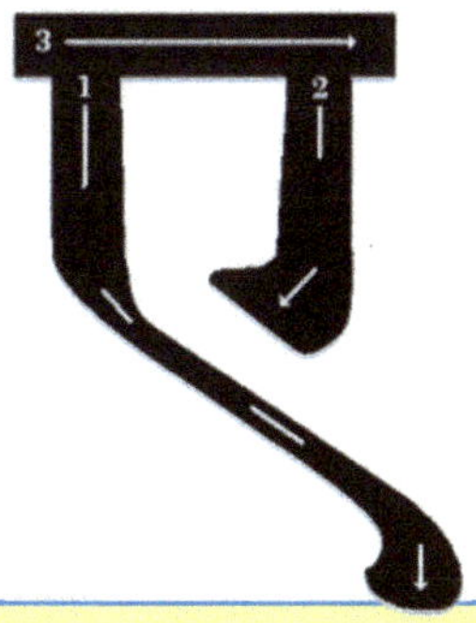

ए ए ए ए ए ए ए

ē as in air

एड़ी ēṛī

Heels

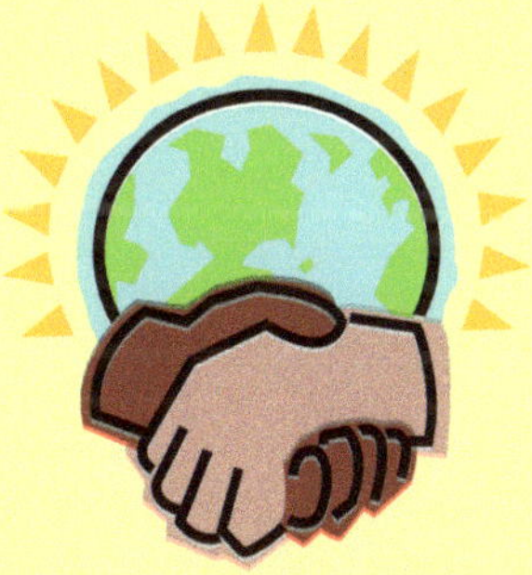

एकता ēkatā

Unity

एकदम ēkadam

Sudden

दिनांक _______

दिनांक _______

दिनांक _______

दिनांक _______

ऐ

ऐनक ainak
Glasses

ऐंठन aiṁṭhan
Twist

पैदल paidal
Pedestrian

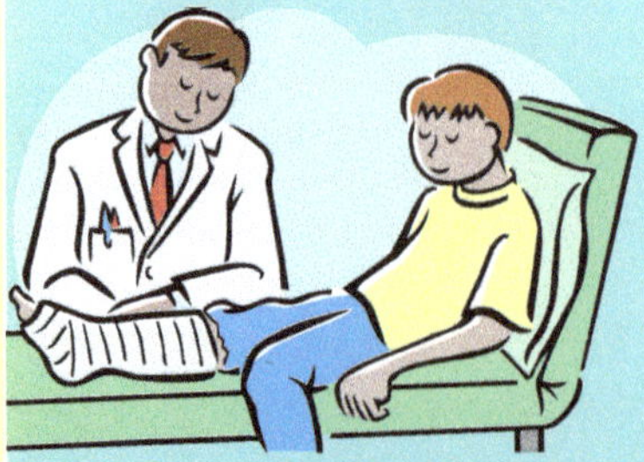

पैर pair
Leg

शैतान बन्दर की पूँछ दब गयी।
śaitān bandar kī pūm̐ch dab gayī
The naughty monkey's tail got trapped.

ऐंठन से रस्सी मजबूत रहती है।
aiṁṭhan sē rassī majabūt rahatī hai
The twists in rope give it strength.

न्यूयार्क में कुछ जगहों पर केवल पैदल चलते हैं।
nyūyārk mēṁ kuch jagahōṁ par kēval paidal

New York has pedestrian only streets.

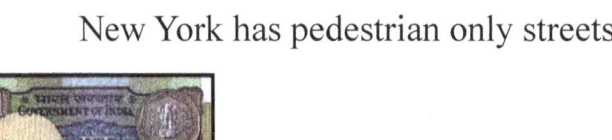

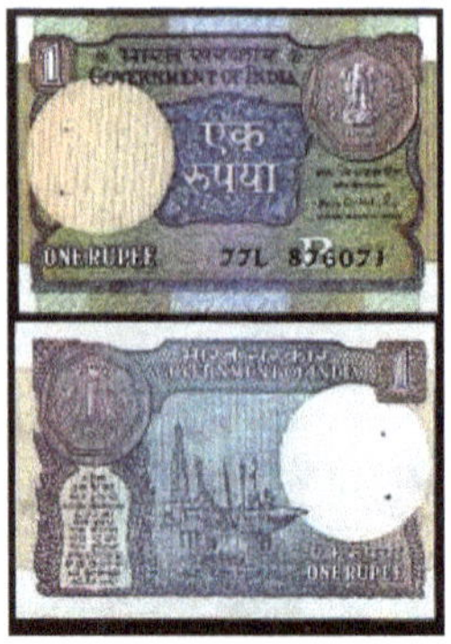

१ रूपये में १०० पैसे होते हैं।
1 rūpayē mēṁ 100 paisē hōtē haiṁ
One rupee is equivalent to 100 paisa.

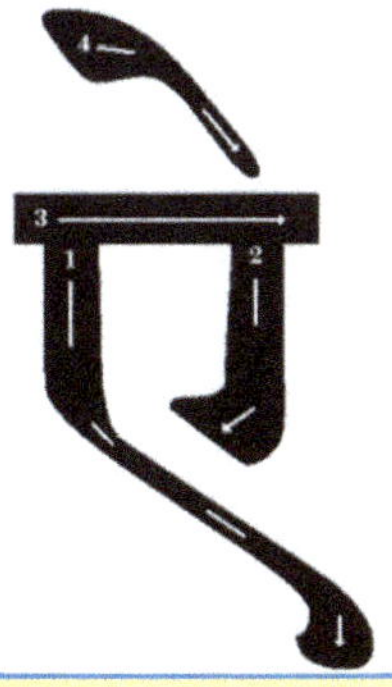

ऐ ऐ ऐ ऐ ऐ ऐ ऐ

ऐश्वर्य aiśvary

Affluence

दिनांक _______

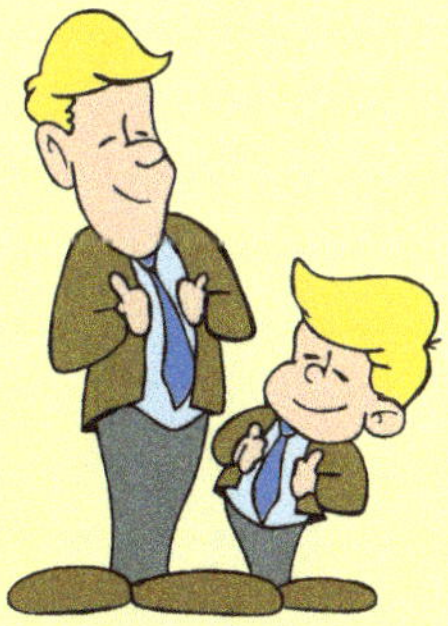

दिनांक _______

ऐसा aisā

Like this

दिनांक _______

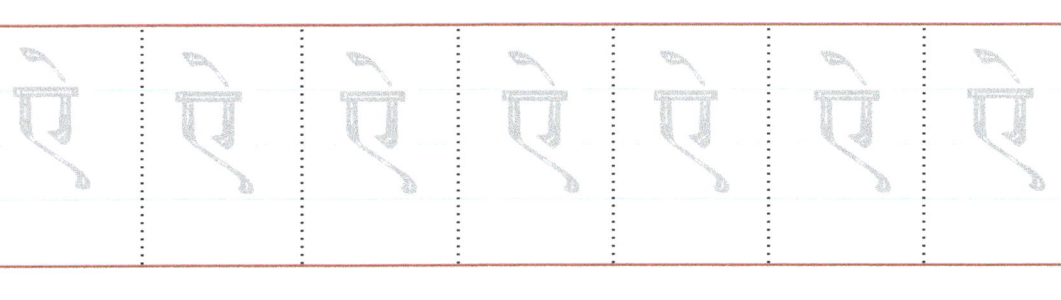

पैसा paisā

1/100th of Rupee

दिनांक _______

ओ

ओस ōs
Dew

ओढ़ना ōṛhanā
Wrap or cover

ओला ōlā
Hail

ओझल ōjhal
Disappear

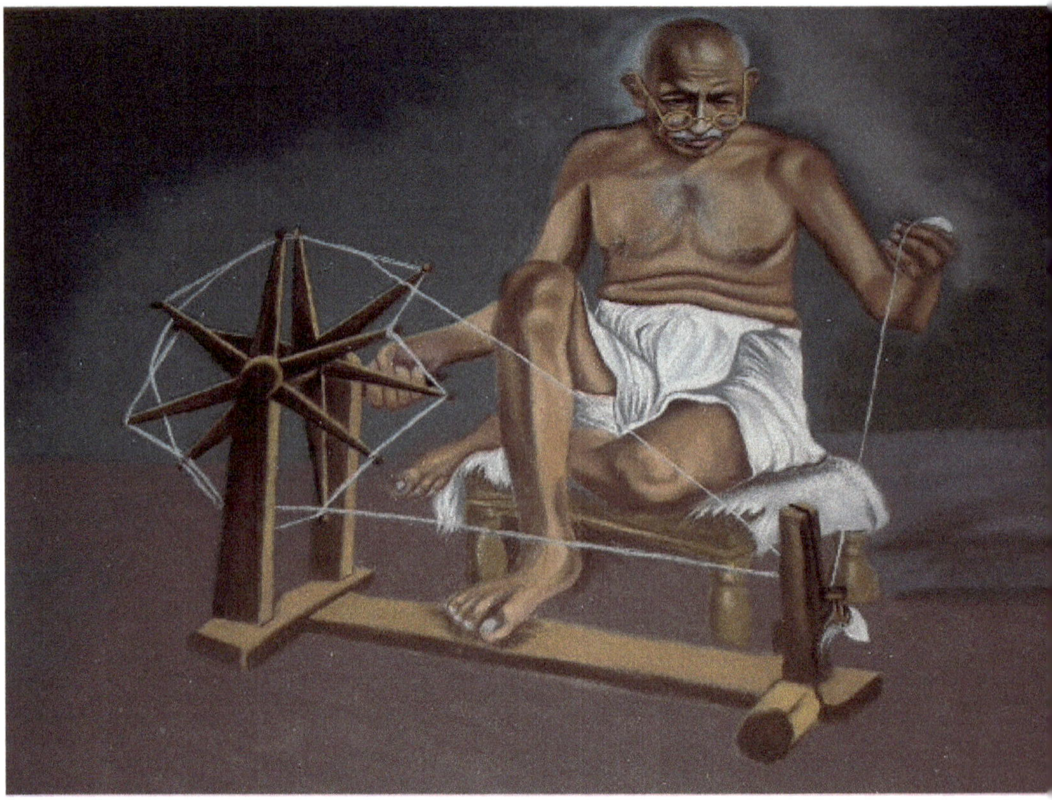

ओजस्वी गाँधीजी अपना कपड़ा खुद बनाते थे।
ōjasvī gām̐dhījī apanā kapaṛā khud banātē thē
Mahatma Gandhi Ji used to make his own clothes.

सुबह पत्तों पर ओस दिखती है।
subah pattōṁ par ōs dikhatī hai
Dew is seen on leaves in the morning.

ओले गिरने के बाद ओझल हो जाते हैं।
ōlē giranē kē bād ōjhal hō jātē haiṁ
Hail disappears after falling on ground.

ओढ़नी भारतीय लड़कियों की पसंद है।
ōṛhanī bhāratīy laṛakiyōṁ kī pasand hai
Indian girls like duppatas.

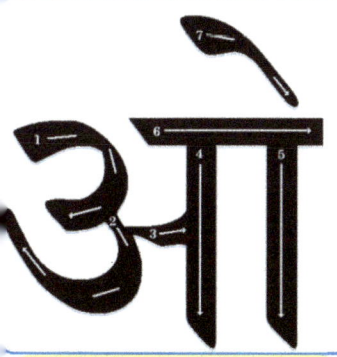

ओ

ओ ओ ओ ओ ओ ओ ओ

ō as in stōre

ओर ōr

Direction

ओजस्वी ōjasvī

Powerful/Influential

ओढ़नी ōṛhanī

Shawl /Dupatta

दिनांक _ _ _ _ _ _ _

दिनांक _ _ _ _ _ _ _

दिनांक _ _ _ _ _ _ _

दिनांक _ _ _ _ _ _ _

औ

&

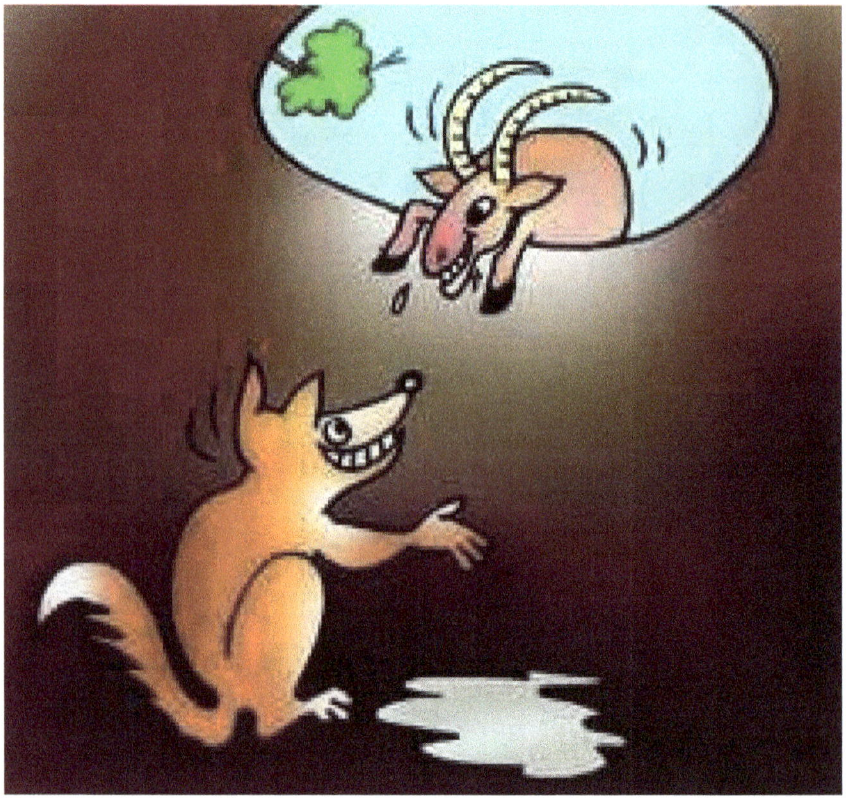

यह बकरी और लोमड़ी की कहानी है।

yah bakarī aur lōmaṛī kī kahānī hai

This is the story of a fox and a goat.

और aur

And

औषधि auṣadhi

Medicine

पुदीना एक औषधि है।

pudīnā ēk auṣadhi hai

Mint is medicinal.

औरत aurat

Woman

दूध औटाने के बाद गाढ़ा हो जाता है।

dūdh auṭānē kē bād gāṛhā hō jātā hai

The milk becomes thick after boiling.

औजार aujār

Tool

औजार से काम आसान हो जाता है।

aujār sē kām āsān hō jātā hai

The tools make any task easier.

au as in ounce

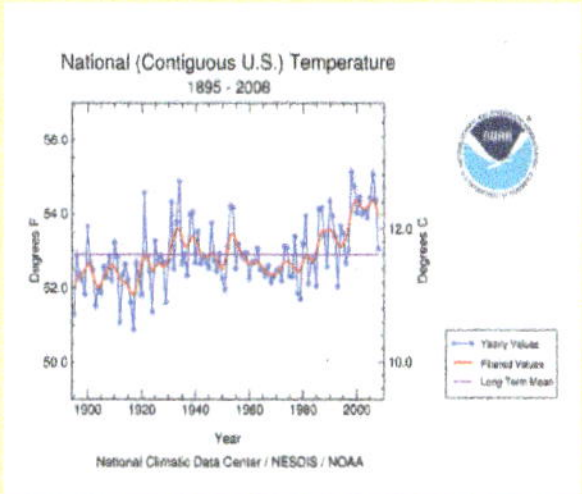

औसत ausat

Average

दिनांक _ _ _ _ _ _ _

दिनांक _ _ _ _ _ _ _

औटाना auṭānā

To make solid

दिनांक _ _ _ _ _ _ _

औद्योगीकरण audyōgīkaraṇ

Industrialization

दिनांक _ _ _ _ _ _ _

अं

अंगूर aṁgūr
Grape

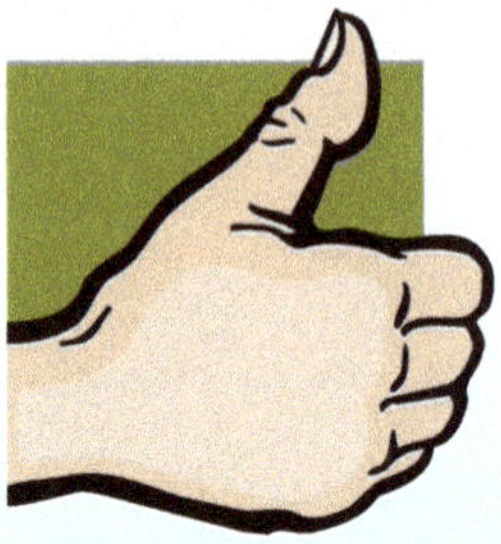

अंगूठा aṁgūṭhā
Thumb

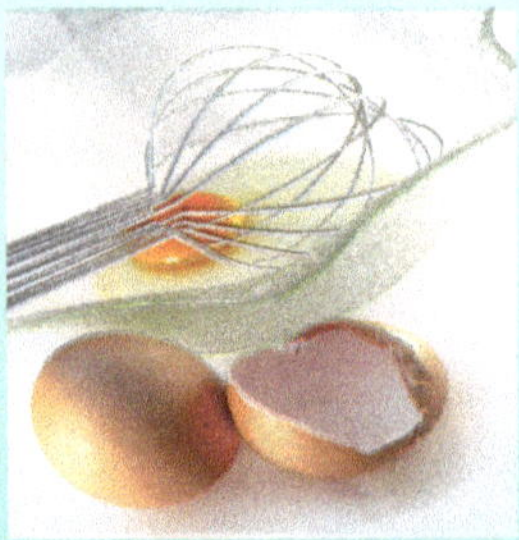

अंडा aṁḍā
Egg

अंधा aṁdhā
Blind

लोमड़ी ने कहा, अंगूर खट्टे हैं।
lōmaṛī nē kahā, aṁgūr khaṭṭē haiṁ
The fox said the grapes are sour.

अंगूठा शरीर का महत्वपूर्ण अंग है।
aṁgūṭhā śarīr kā mahatvapūrṇ aṁg hai
The thumb is an important part of the body.

अंधे लकड़ी के सहारे चलते हैं।
aṁdhē lakaṛī kē sahārē calatē haiṁ
Blind people use canes to walk around.

अंगूठियाँ उंगलियों में पहनते हैं।
aṁgūṭhiyām̐ uṁgaliyōṁ mēṁ pahanatē haiṁ
Rings are worn on the fingers.

अं

aṁ as in sung

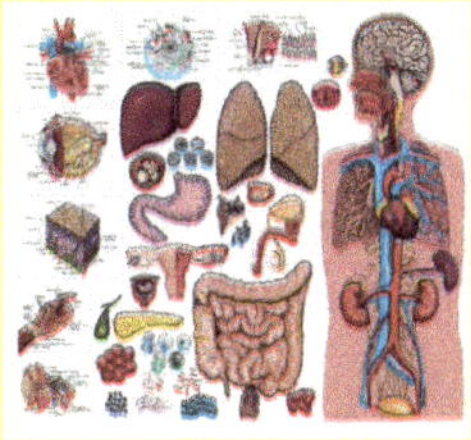

अंग aṁg
Body Part

अंत aṁt
End

अंगूठी aṁgūṭhī
Ring

दिनांक _______

दिनांक _______

दिनांक _______

दिनांक _______

अः

दु:ख बहती नदिया Sorrow is short lived

कुछ दु:ख झेलो	kucha du:kha jhēlō
कुछ दु:ख ठेलो	kucha du:kha ṭhēlō
कुछ राम भरोसे छोड़ दो।	kucha rāma bharōsē chōṛa dō
दु:ख क्या बन्धु	dukha kyā bandhu
बहती नदिया	bahatī nadiyā
नहीं एक तट रह पाती है।	nahīṁ ēka taṭa raha pātī hai|
जिधर चाहती	jidhara cāhatī
मुड जाती है	muḍa jātī hai
सुख-दु:ख बहा ले जाती है।	sukha-du:kha bahā lē jātī hai|
या धारा के संग बहो तुम	yā dhārā kē saṁga bahō tuma
या धारा का मुख मोड़ दो।	yā dhārā kā mukha mōṛa dō

प्रातः prātaḥ
Early Morning

छ

छः/छह chaḥ/chah
Six

भारत में लोग छः दिन काम करते हैं।
bhārat mēṁ lōg chaḥ din kām karatē haiṁ
In India people work for six days.

वैदिक प्रार्थना ॐ शान्तिः शान्तिः शान्तिः से खत्म होती है।

vaidik prārthanā ōm̐ śāntiḥ śāntiḥ śāntiḥ sē khatm hōtī hai

Vedic prayers end with a peace mantra.

अः

अः अः अः अः अः अः अः

दिनांक _ _ _ _ _ _ _

दिनांक _ _ _ _ _ _ _

दिनांक _ _ _ _ _ _ _

दिनांक _ _ _ _ _ _ _

दुःख duḥkh

Sorrow

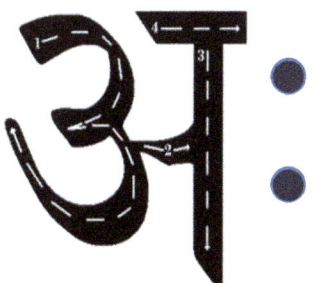

शान्तिः śāntiḥ

Peace

ऋ

ऋषि ṛṣi

Sage

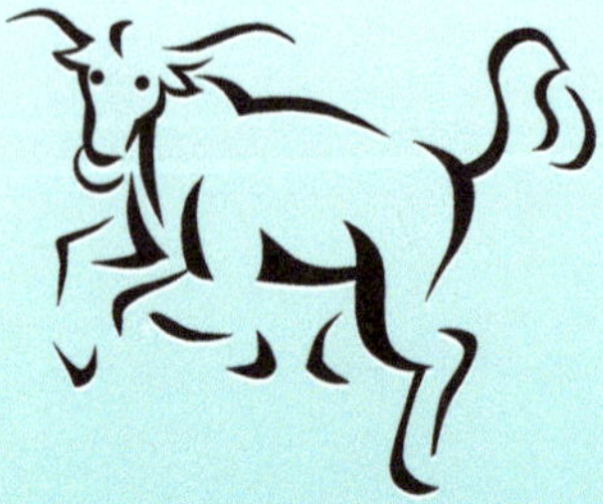

ऋषभ ṛṣabh

Bull

कृषि kṛṣi

Farming

गर्मी की ऋतु

गर्मी की ऋतु ऐसी ,
उपर से हम हुए विदेशी
सारे ए.सी. बन्द पड़े,
कैसे कैसे समय कटे।

तन जलता, मन बहुत मचलता
दिन निकले कैसे।
शुष्क नदी में मीन तड़पती
बिन पानी जैसे ।

ताल तलैया सूख गए हैं
पोखर सब सिमटे ॥
कपड़े उमसे, फिर वे चुभते
तन तरबतर हुआ।

कहाँ जाए है पीछे खाई
आगे मुआं कुआं ।
सब शृंगार व्यर्थ ही
टप टप टप टपके
कैसे कैसे समय कटे।

garmī kī ṛtu aisī ,
upara sē hama huē vidēśī
sārē ē.sī. banda paṛē,
kaisē kaisē samaya kaṭē|

tana jalatā, mana bahuta macalatā
dina nikalē kaisē|
śuṣka nadī mēṁ mīna taṛapatī
bina pānī jaisē |

tāla talaiyā sūkha gaē haiṁ
pōkhara saba simaṭē ||
kaparē umasē, phira vē cubhatē
tana tarabatara huā|

kahāṁ jāē hai pīchē khāī
āgē muāṁ kuāṁ |
saba śṛṁgāra vyartha hī
ṭapa ṭapa ṭapa ṭapakē
kaisē kaisē samaya kaṭē|

किसान ऋषभ से कृषि करता है।
kisān ṛṣabh sē khētī karatā hai
Farmers work in their fields with bulls.

बसंत ऋतु मे मोर नृत्य करता है।
basaṁt ṛtu mē mōr nṛty karatā hai
In Spring the peacock dances.

इस पुस्तक में १०० से ज्यादा पृष्ठ हैं।
is pustak mēṁ 100 sē jyādā pṛṣṭh haiṁ
This book has more than 100 pages.

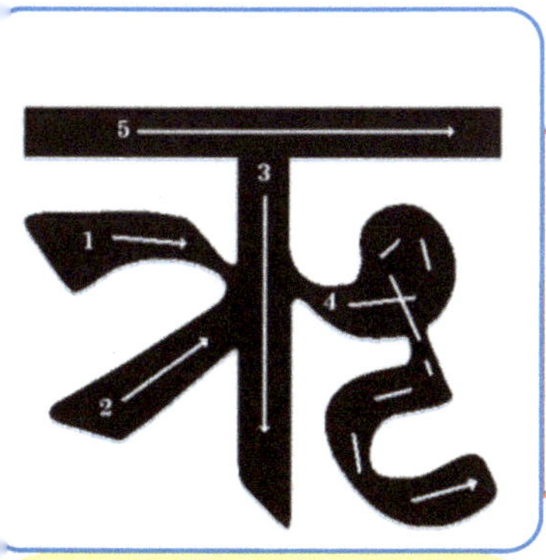

ऋ ऋ ऋ ऋ ऋ ऋ ऋ

ऋतु r̥tu

Season

दिनांक _ _ _ _ _ _ _

दिनांक _ _ _ _ _ _ _

नृत्य nr̥ty

Dance

दिनांक _ _ _ _ _ _ _

पृष्ठ pr̥ṣṭh

Page

दिनांक _ _ _ _ _ _ _

क

कलम kalam
Pen

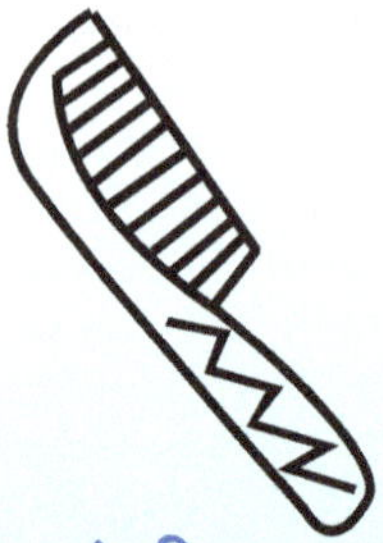

कंघी kaṁghī
Comb

किताब kitāb
Book

किशमिश kiśamiś
Raisins

कछुए ने खरगोश को दौड़ में हरा दिया।
kachuē nē kharagōś kō dauṛ mēṁ harā diyā
The turtle defeated the bunny in the race.

कुर्सी सुन्दर है।
kursī sundar hai
The chair is beautiful.

हाथी को केला अच्छा लगता है।
hāthī kō kēlā acchā lagatā hai
Elephants love bananas.

दादी अच्छी-अच्छी कहानियाँ सुनाती हैं।
dādī acchī-acchī kahāniyām̐ sunātī haiṁ
Grandmother tells good stories.

क क क क क क क

ka as in come.

कबूतर kabūtar

Pigeon

दिनांक _ _ _ _ _ _ _

काका kākā

Paternal uncle

दिनांक _ _ _ _ _ _ _

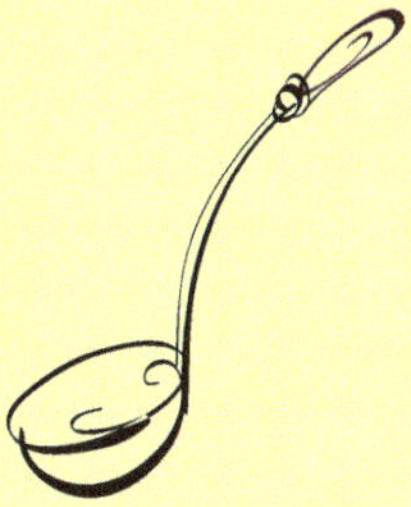

दिनांक _ _ _ _ _ _ _

कलछुल kalachul

Ladle

दिनांक _ _ _ _ _ _ _

ख

खिड़की khiṛakī

Window

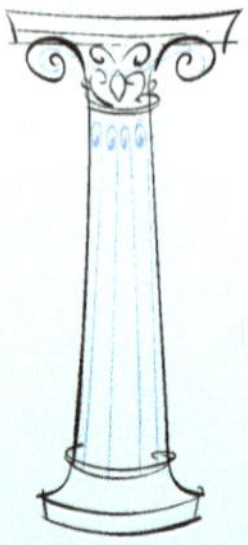

खंभा khaṁbhā

Pole or Pillar

खिलौना khilaunā

Toy

खेत khēt

Farmland

खरगोश को गाजर पसंद है।

kharagōś kō gājar pasaṁd hai.

Rabbit likes carrots.

खड़ग खजाना खोज रहा है।

kharaġ khajānā khōj rahā hai

Kharag is looking for treasure.

माँ खाना बना रही है।

mām̐ khānā banā rahī hai

Mother is cooking.

खिलाड़ी खुश होकर खूब खेला।

khilāṛī khuś hōkar khūb khēlā

The player happily played a lot.

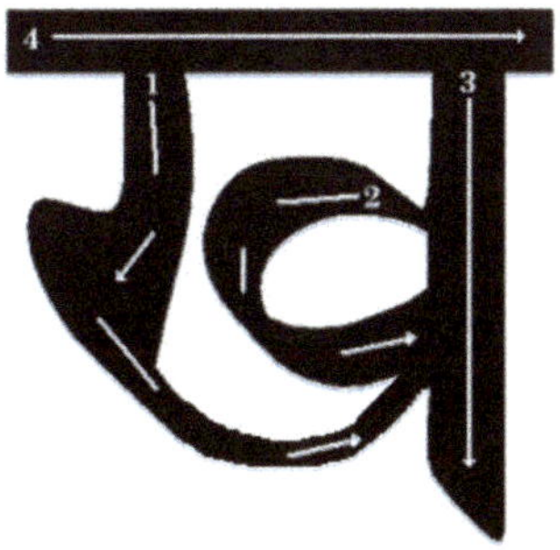

ख ख ख ख ख ख ख

kha as in khaki.

खरगोश kharagōś

Rabbit

खाना khānā

Food

दिनांक _ _ _ _ _ _ _

दिनांक _ _ _ _ _ _ _

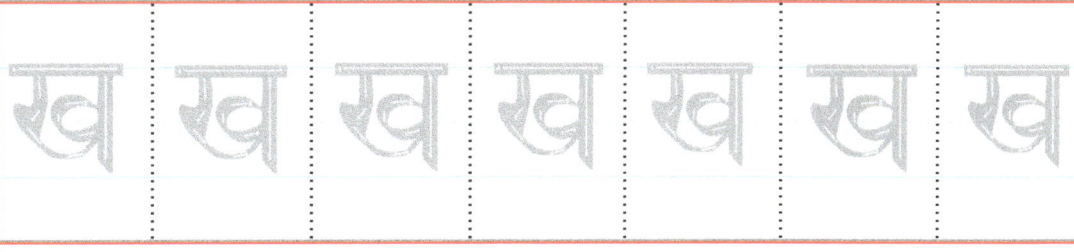

खत्म khatm

End/Finish

दिनांक _ _ _ _ _ _ _

ग

गमला gamalā
Flower Pot

गाय gāy
Cow

गणित gaṇit
Mathematics

गहना gahanā
Jewelry

यह गधे और उसके मालिक की कहानी है।
yah gadhē aur usakē mālik kī kahānī hai
This is the story of the donkey and its owner.

गाँधी जी के तीन बन्दर कुछ सिखाते हैं।
gām̐dhī jī kē tīn bandar kuch sikhātē haiṁ.
The three monkeys of Gandhi ji teach us something.

गाजर खाने से आँखें अच्छी रहती है।
gājar khānē sē ām̐khēṁ acchī rahatī hai.
Eating carrots is good for the eyes.

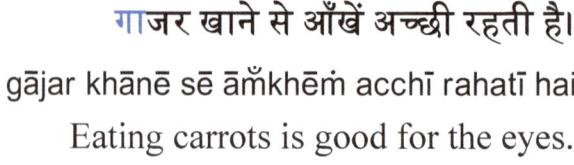

कृष्ण अर्जुन को गीता सुना रहे हैं।
kr̥ṣṇ arjun kō gītā sunā rahē haiṁ
Krishna is telling the Geeta to Arjun.

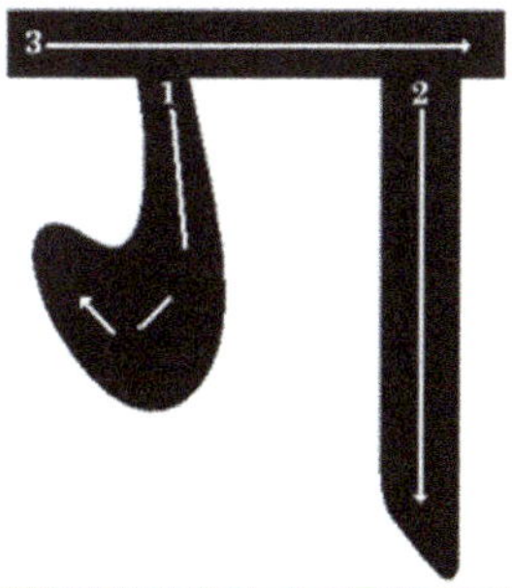

ग ग ग ग ग ग ग

ga as in gum

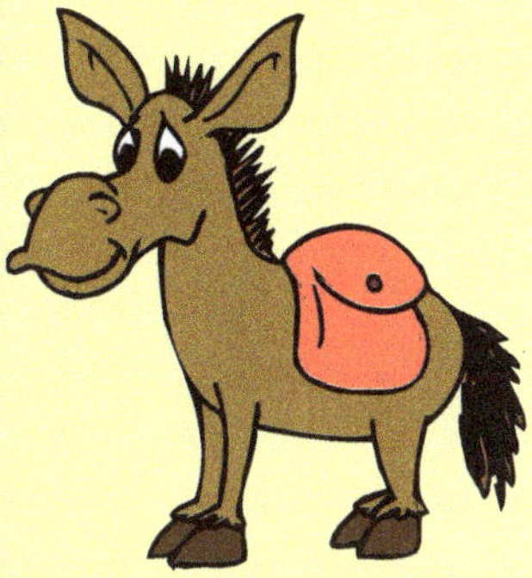

गधा gadhā

Donkey

दिनांक _ _ _ _ _ _ _

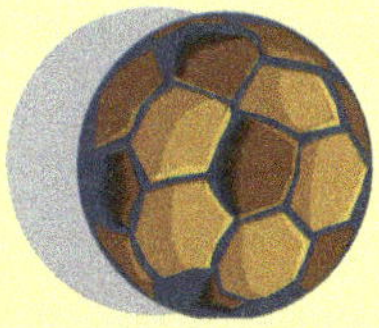

दिनांक _ _ _ _ _ _ _

गेंद gēṁd

Ball

दिनांक _ _ _ _ _ _ _

गुब्बारा gubbārā

Balloon

दिनांक _ _ _ _ _ _ _

घ

घंटी ghaṁṭī
Bell

घर ghar
House

घड़ी ghaṛī
Clock

घड़ा ghaṛā
Earthen Pot

बिल्ली के गले में घंटी कौन बाँधे ?
billī kē galē mēṁ ghaṁṭī kaun bāṁ̐dhē ?
Who will tie the bell on the cat?

कौआ घड़े से पानी कैसे पिए?
kauā ghaṛē sē pānī kaisē piē
How will the crow drink water out of the pot?

घोड़ा घास चर रहा है।
ghōṛā ghās car rahā hai
The horse is grazing grass.

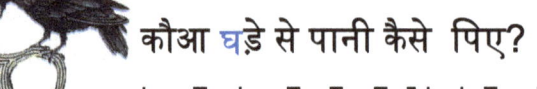

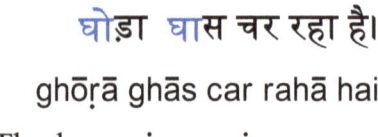

मुझे मेरा घर पसंद है।
mujhē mērā ghar pasaṁd hai
I love my house.

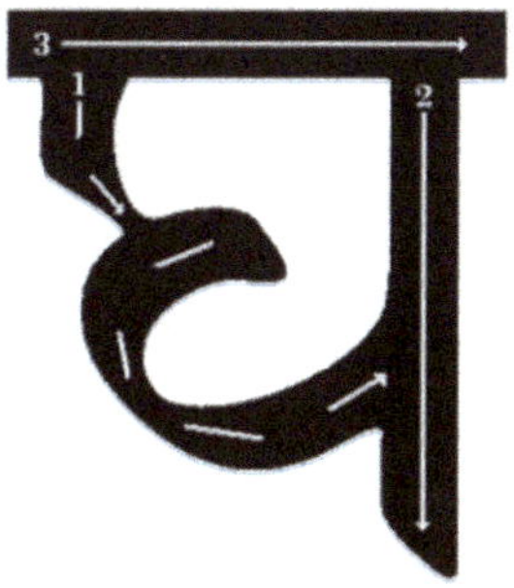

घ घ घ घ घ घ घ

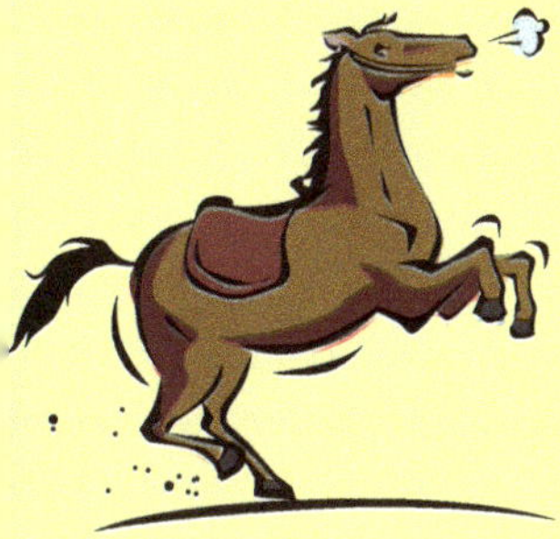

घोड़ा ghōṛā

Horse

दिनांक _______

दिनांक _______

घास ghās

Grass

दिनांक _______

घोसला ghōsalā

Nest

दिनांक _______

ङ

रङ्ग/रंग raṅg

Color

मङ्लवार/मंगलवार

१

अङ्क/अंक aṅk

Digit

आङ्गन/आँगन āṅgan

Courtyard

होली रङ्गों का त्योहार है।

hōlī raṅgōṁ kā tyōhār hai.

Holi is the festival of colors.

शङ्कर जी ताण्डव नृत्य कर रहे हैं।

śaṅkar jī tāṇḍav nr̥ty kar rahē haiṁ

Lord Shankar is doing the tāṇḍav dance.

गङ्गा भारत की पवित्र नदी है।

gaṅgā bhārat kī pavitr nadī hai

The Ganga is a pious river of India.

श्रृङ्गेरी में शङ्कर जी का प्रसिद्ध मन्दिर है।

śr̥ṅgērī mēṁ śaṅkar jī kā prasiddh mandir hai

Sringeri has lord Shankar's famous temple

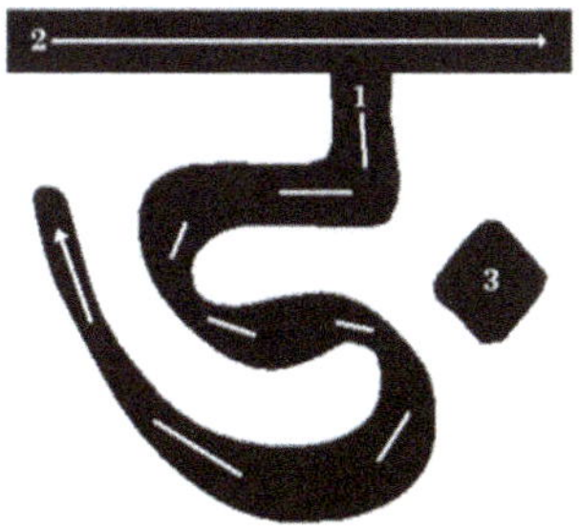

ṅa as in sing

In common use it is replaced by ं

बेङ्लूरु bēṅlūrū

Bengaluru

सायङ्काल/सायंकाल्

sāyaṅkāl Evening

दिनाङ्क/दिनांक

dināṅk Date

दिनांक _______

दिनांक _______

दिनांक _______

दिनांक _______

च

चम्मच cammac

Spoon

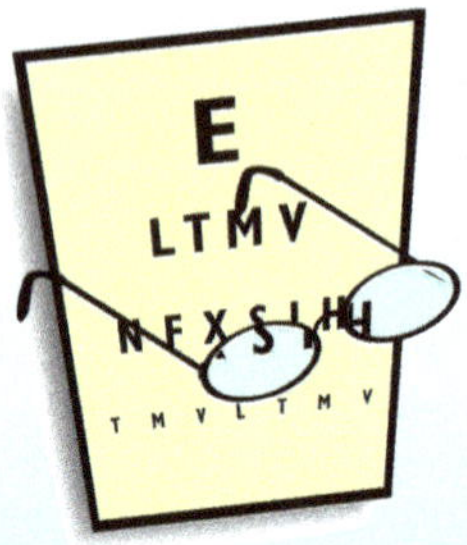

चश्मा caśmā

Glasses

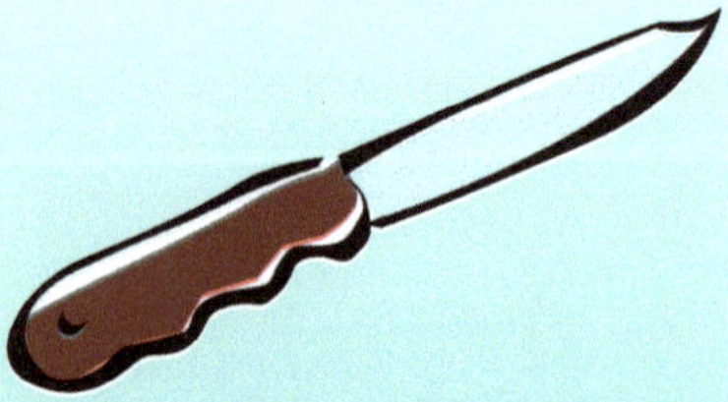

चाकू cākū

Knife

चूहा cūhā

Mouse

चिड़िया लोमड़ी की चालाकी से फँस गयी।

ciṛiyā lōmaṛī kī cālākī sē phaṁ̐s gayī

The bird was tricked by the fox's flattery.

रसोईया चम्मच से पकवान चख रहा है।

rasōīyā cammac sē pakavān cakh rahā hai

The cook is tasting the dish with a spoon.

कार में चार पहिए हैं।

kār mēṁ cār pahiē haiṁ

The car has four wheels.

चलो टहलने चलते हैं।

calō ṭahalanē calatē haiṁ

Let's go for a walk.

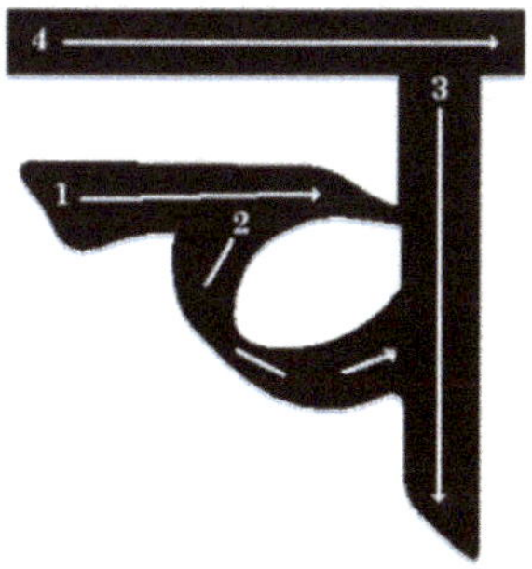

च च च च च च च

ca as in chunk

चंद्रमा caṁdramā

Moon

दिनांक _ _ _ _ _ _ _

दिनांक _ _ _ _ _ _ _

चप्पल cappal

Slippers

दिनांक _ _ _ _ _ _ _

चिल्लाना cillānā

Shout

दिनांक _ _ _ _ _ _ _

छ

छुक-छुक करती आयी रेल।

chuk-chuk karatī āyī rēl

The train came chugging along.

छुक-छुक करती आई रेल ।	chuka-chuka karatī āī rēla
आई रेल-आई रेल ।।	āī rēla-āī rēla
इंजन चलता सबसे आगे ।	iṁjana calatā sabasē āgē
पीछे -पीछे डिब्बे भागे ।।	pīchē -pīchē ḍibbē bhāgē
हार्न बजाता, धुआँ छोड़ता ।	hārna bajātā, dhuām̐ chōṛatā
पटरी पर यह तेज़ दौड़ता ।।	paṭarī para yaha tēza dauṛatā
जब स्टेशन आ जाता है ।	jaba sṭēśana ā jātā hai
सिग्नल पर यह रुक जाता है ।।	signal para yaha ruka jātā hai
जब तक बत्ती लाल रहेगी ।	jaba taka battī lāla rahēgī
इसकी जीरो चाल रहेगी ।।	isakī jīrō cāla rahēgī
हरा रंग जब हो जाता है ।	harā raṁga jaba hō jātā hai
तब आगे को बढ़ जाता है ।।	taba āgē kō baṛha jātā hai
बच्चों को यह बहुत सुहाती ।	baccōṁ kō yah bahut suhātī
नानी के घर तक ले जाती ।।	nānī kē ghara taka lē jātī
छुक-छुक करती आती रेल ।	chuka-chuka karatī ātī rēla |
आओ मिल कर खेलें खेल ।।	āō mila kara khēlēṁ khēla ||

छड़ी charī

Stick

छाया chāyā

Shadow

छात्र chātr

Student

छींकना chīṁkanā

Sneeze

छाता बरसात से बचाता है।

chātā barasāt sē bacātā hai

Umbrella saves you from the rain.

चलो लुका-छिपी खेलते है।

calō lukā-chipī khēlatē hai

Let's play hide and seek.

छ छ छ छ छ छ छ

दिनांक _______

दिनांक _______

दिनांक _______

दिनांक _______

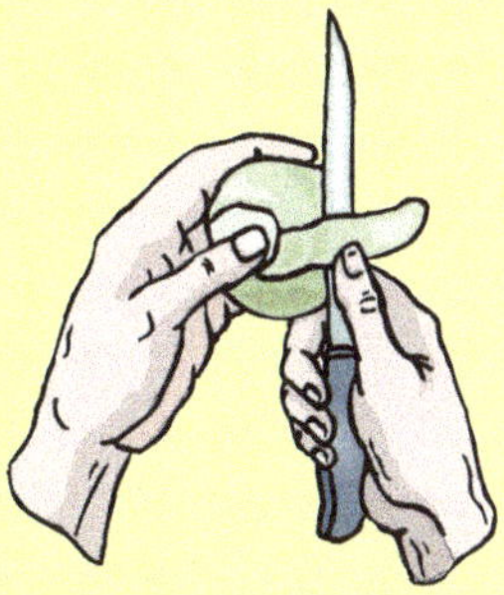

छीलना chīlanā

To peel

छोटा chōṭā

Small

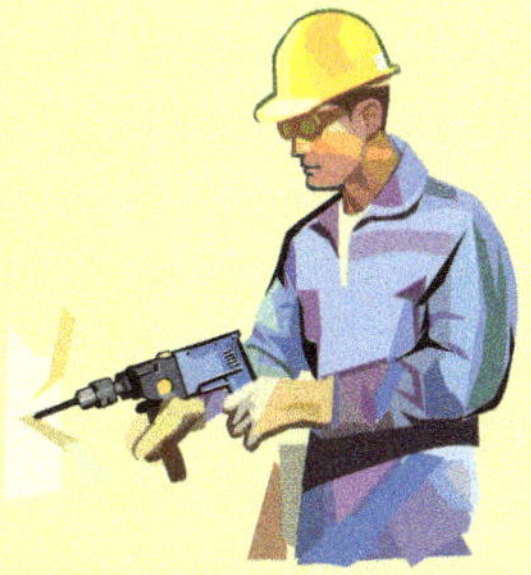

छेदना chēdanā

To drill a hole

ज

जादू jādū

Magic

जहाज jahāj

Ship

जाड़ा jāṛā

Cold

जाल jāl

Net

चिड़ियाँ जाल लेकर उड़ गयीं।

ciṛiyām̐ jāl lēkar uṛ gayīṁ

The birds flew away with the net.

जवान देश की रक्षा करते हैं।

javān dēś kī rakṣā karatē haiṁ

The soldiers protect the country.

जल ही जीवन है।

jal hī jīvan hai

Water is life.

जुगनू जग-मग कर रहे हैं।

Juganū jag-mag kar rahē haiṁ

The fireflies are glittering.

ज ज ज ज ज ज ज

ja as in junk

जवान javān

Soldier

दिनांक _______

दिनांक _______

जंगल jaṁgal

Jungle

दिनांक _______

जीतना jītanā

To win

दिनांक _______

झ

झंडा jhaṁḍā

Flag

झाड़ू jhāṛū

Broom

नाइग्रा फाल दुनिया का सबसे बड़ा झरना है।

nāigrāphāl duniyā kā sabasē baṛā jharanā hai

Niagara Falls is the world's biggest waterfall.

दो देशों के झगड़ें मे जवान लड़ते हैं।

dō dēśōṁ kē jhagaṛēṁ mē javān laṛatē haiṁ

Soldiers fight when two countries have a dispute.

झील jhīl

Lake

झरोखे से झील दिखती है।

jharōkhē sē jhīl dikhatī hai

The lake is visible from the window.

झूलना jhūlanā

To swing

मुझे पेड़ के झूले पर झूलना अच्छा लगता है।

mujhē pēṛ kē jhūlē par jhūlanā acchā lagatā hai

I like swinging on my tree swing.

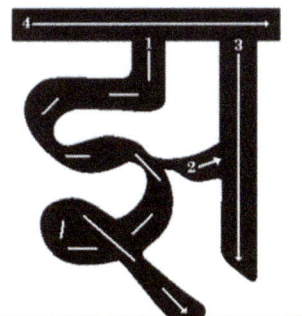

झ

झ झ झ झ झ झ झ

झाड़ी jhāṛī

Bush

झगड़ा jhagaṛā

Fight

झरोखा jharōkhā

Window

दिनांक _______

दिनांक _______

दिनांक _______

दिनांक _______

ञ

५

पाञ्च/पाँच pañc

Five

सरपञ्च/सरपंच

sarapañc Village Head

वसंत पञ्चमी से होली शुरु हो जाती है।

vasaṁt pañcamī sē hōlī śuru hō jātī hai

Holi starts on the Vasant Panchami day.

पञ्चतंत्र की कहानियाँ अच्छी हैं।

pañcataṁtr kī kahāniyām̐ acchī haiṁ

Panchatantra stories are good.

पञ्चमी/पंचमी

pañcamī Fifth day

सरपञ्च गाँव के मुखिया होते हैं।

sarapañc gām̐v kē mukhiyā hōtē haiṁ

Sarapañces are heads of the village.

माँ अच्छे व्यञ्जन बनाती है।

mām̐ acchē vyañjan banātī hai

Mother makes great dishes.

सञ्चित/संचित

sañcit Collected

ञ ञ ञ ञ ञ ञ ञ

In common use it is replaced by ं

व्यञ्जन/व्यंजन

vyañjan Dish

दिनांक _______

क ख ग घ ङ

च छ ज झ ञ

दिनांक _______

व्यञ्जन/व्यंजन

vyañjan

दिनांक _______

अञ्जन/अंजन añjan

Medicine for eyes

दिनांक _______

ट

टमाटर ṭamāṭar
Tomato

टोपी ṭōpī
Cap

टहलना ṭahalanā
Walk

टकराना ṭakarānā
To collide

नकलची बन्दरों ने टोपी नीचे फेंकी।
nakalacī bandarōṁ nē ṭōpī nīcē phēṁkī
Copycat monkeys threw the cap down.

टहलने से सेहत अच्छी रहती है।
ṭahalanē sē sēhat acchī rahatī hai
Walking keeps your health in check.

नल से पानी टपक रहा है।
nal sē pānī ṭapak rahā hai
Water is leaking from the tap.

टापू पर इन्टरनेट नहीं चलता है।
ṭāpū par inṭaranēṭ nahīṁ calatā hai
The Internet does not work on the island.

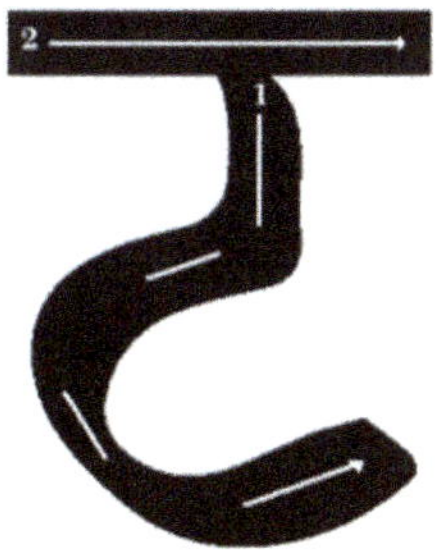

ट ट ट ट ट ट ट

ta as in tub

टहनी ṭahanī
Branch

दिनांक _ _ _ _ _ _ _

टंकी ṭaṁkī
Tank

दिनांक _ _ _ _ _ _ _

दिनांक _ _ _ _ _ _ _

टीका ṭīkā
Dot on forehead

दिनांक _ _ _ _ _ _ _

ठ

ठंडक ṭhaṁḍak
Cold

ठंडा ṭhaṁḍā
Cold drink

ठहरना ṭhaharanā
To stop

ठहाका ṭhahākā
To laugh loudly

ठुमक चलत रामचंद्र बाजत पैंजनियां ..
ṭhumak calat rāmacaṁdr bājat paiṁjaniyāṁ ..
As baby Ram walks, swaying unsteadily, his anklets ring in tune.

पेंग्विन ठंडी जगहों पर पाया जाता है।
pēṁgvin ṭhaṁḍī jagahōṁ par pāyā jātā hai
Penguins are found in cold places.

ठंडी में हम स्कीईंग जाते हैं।
ṭhaṁḍī mēṁ ham skīṁīṁg jātē haiṁ
In winter we go for skiing.

आईस्क्रीम ठंडी है।
āīskrīm ṭhaṁḍī hai
Ice cream is cold.

दिनांक _______

ठीक ṭhīk
OK

दिनांक _______

ठोकर ṭhōkar
Trip

दिनांक _______

ठोकना ṭhokanā
To hammer

दिनांक _______

ड

डंडा ḍaṁḍā
Stick

डरना ḍaranā
Fear

नेवला साँप से नहीं डरा।
nēvalā sām̐p sē nahīṁ ḍarā
The mongoose was not scared of the snake.

डाकिया पत्र लाया।
ḍākiyā patr lāyā
The mailman brought mail.

डिब्बा ḍibbā
Box

दुल्हन डोली में ससुराल जा रही है।
dulhan ḍōlī mēṁ sasurāl jā rahī hai
The bride is going to her husband's house in a palanquin.

डूबना ḍūbanā
To sink

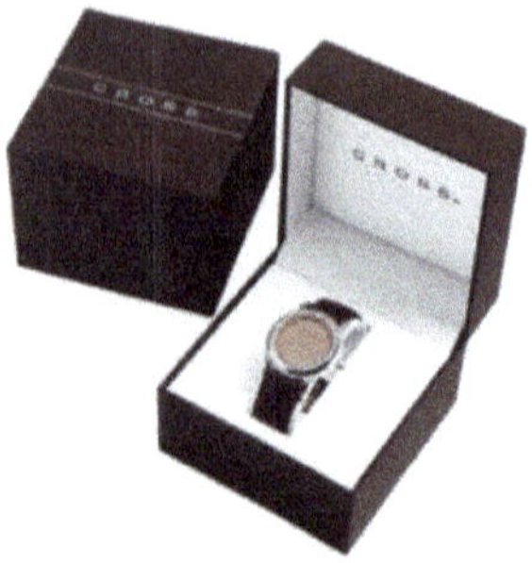

डिब्बें में घड़ी है।
ḍibbēṁ mēṁ ghaṛī hai
There is a watch in the box.

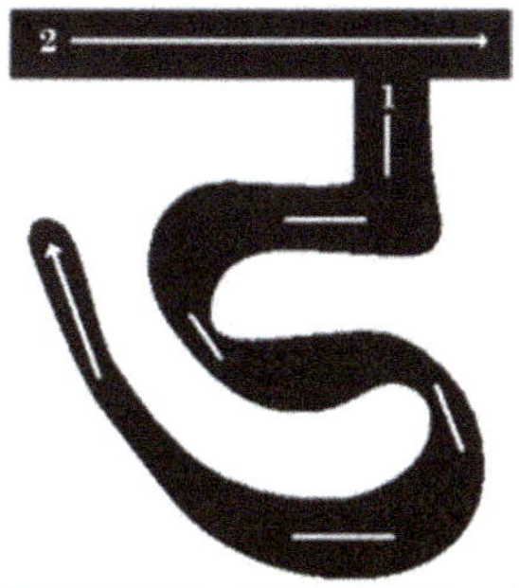

ड ड ड ड ड ड ड

ḍa as in ḍrum

डाक ḍāk
Mail

दिनांक _______

दिनांक _______

डालना ḍālanā
To put in

दिनांक _______

डोली ḍōlī
palanquin

दिनांक _______

ढ

ढक्कन ḍhakkan

Lid/Cover

ढलान ḍhalān

Slope

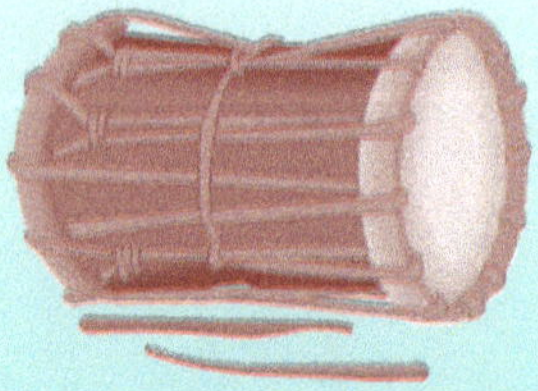

ढोलक ḍhōlak

Indian Drum

ढाबा ḍhābā

Roadside restaurant

चौपाल की ढोलक

रसना बानी के रस बोल
बानी भेद अगम के खोल
कहना इस युग का भूगोल
कहना ये कैसा भुइडोल
जाती आसमान तक झोल
सूरज चलता राह टटोल
कोई कहे खतम इतिहास
उस पर मत करना बिसवास
रखना संघर्षो को याद
जिनसे बनता है इतिहास
सबको स्वार्थ-तराजू तोल
सबका लगा रहा जो मोल
कहता कुछ न रहा अनमोल
आओ खोलें उसकी पोल
सच की बानी बड़ी प्रचंड
करती चूर-चूर पाखंड
क्यूँकर हज को चली बिलार
खाती सौ-सौ चूहे मार

caupāla kī ḍhōlaka

rasanā bānī kē rasa bōla
bānī bhēda agama kē khōla
kahanā isa yuga kā bhūgōla
kahanā yē kaisā bhuiḍōla
jātī āsamāna taka jhōla
sūraja calatā rāha ṭaṭōla
kōī kahē khatama itihāsa
usa para mata karanā bisavāsa
rakhanā saṁgharṣō kō yāda
jinasē banatā hai itihāsa
sabakō svārtha-tarājū tōla
sabakā lagā rahā jō mōla
kahatā kucha na rahā anamōla
āō khōlēṁ usakī pōla
saca kī bānī baṛī pracaṁḍa

महिला ढोलक बजा रही है।

mahilā ḍhōlaka bajā rahī hai

The woman is playing a drum.

भाप से ढक्कन उठता है।

bhāp sē ḍhakkan uṭhatā hai

Steam is raising the lid.

ढाबे में लोग खाना खा रहे है।

ḍhābē mēṁ lōg khānā khā rahē hai

People are eating at a roadside restaurant.

ढ ढ ढ ढ ढ ढ ढ

ढाँचा ḍhām̐cā

Frame

दिनांक _______

ढोना ḍhōnā

To Carry

दिनांक _______

दिनांक _______

ढूँढना ḍhūṁḍhanā

Search

दिनांक _______

ण

झण्डा jhaṇḍā
Flag

ताण्डव tāṇḍav
Shiv ji's Dance

गणक gaṇak
Calculator

वाणी vāṇī
Speech

झण्डा jhaṇḍā Flag

तीन रंगों से बना तिरंगा,	tīna raṁgōṁ sē banā tiraṁgā,
सदा शक्ति बरसाता है।	sadā śakti barasātā hai|
देखो भारत की चोटी पर,	dēkhō bhārata kī cōṭī para,
शान से लहराता है।।	śāna sē laharātā hai||
केसरिया रंग को देखो,	kēsariyā raṁga kō dēkhō,
जो त्याग हमें सिखलाता है।	jō tyāga hamēṁ sikhalātā hai|
जब भी कोई संकट आए,	jaba bhī kōī saṁkaṭa āē,
मर मिटना हमें बताता है।।	mara miṭanā hamēṁ batātā hai||
सादा जीवन उच्च विचार,	sādā jīvana ucca vicāra,
सफेद रंग बतलाता है।	saphēda raṁga batalātā hai|
सत्य अहिंसा भाईचारे,	satya ahiṁsā bhāīcārē,
का पाठ हमें सिखलाता है।।	kā pāṭha hamēṁ sikhalātā hai||
हरे रंग की अपनी कहानी,	harē raṁga kī apanī kahānī,
मन को हर्षित कर जाती है।	mana kō harṣita kara jātī hai|
हरी भरी प्रकृति को देखो,	harī bharī prakr̥ti kō dēkhō,
सबके मन को भाती है।।	sabakē mana kō bhātī hai||
बीच में देखो अशोक चक्र को,	bīca mēṁ dēkhō aśōka cakra kō,
जो हरदम चल ते रहता है।	jō haradama cala tē rahatā hai|
रुको नहीं तुम आगे बढ़ो,	rukō nahīṁ tuma āgē baṛhō,
हरपल हमसे कहता है।।	harapala hamasē kahatā hai||

महाभारत, पाण्डवों और कौरवों के बीच की लड़ाई थी।
mahābhārat, pāṇḍavōṁ aur kauravōṁ kē bīc kī laṛāī thī
The Mahabharat was a war between the Pāṇḍavs and the Kauravas.

शिव जी के दो ताण्डव नृत्य हैं
śiv jī kē dō tāṇḍav nr̥ty haiṁ
Shiv Ji has two tāṇḍav dances.

मैं गणक के बिना गणित करता हूँ।
maiṁ gaṇak kē binā gaṇit karatā hūm̐
I do math without a calculator.

ण ण ण ण ण ण ण

पाण्डव pāṇḍav

Five brothers

दिनांक _______

१ + २ = ३

७ - २ = ५

दिनांक _______

गणित gaṇit

Mathematics

दिनांक _______

बाण bāṇ

Arrow

दिनांक _______

त

तकिया takiyā
Pillow

तितली titalī
Butterfly

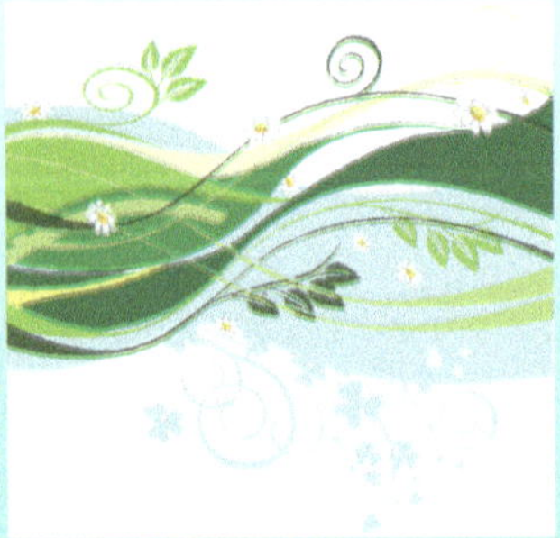

तरंग taraṁg
Wave

तरकारी tarakārī
Vegetable

बनारस एक तीर्थस्थल है।
banāras ēk tīrthasthal hai
Banaras is a place for pilgrimage.

भारत में कई तीर्थस्थल हैं।
bhārat mēṁ kaī tīrthasthal haiṁ
India has many places for pilgrimage.

हम समुद्र की तरंगों पर बहते हैं।
ham samudr kī taraṁgōṁ par bahatē haiṁ
We surf on sea waves.

हम तराजू पर सामान तौलते हैं।
ham tarāju par sāmān taulatē haiṁ
We weigh things on a balance.

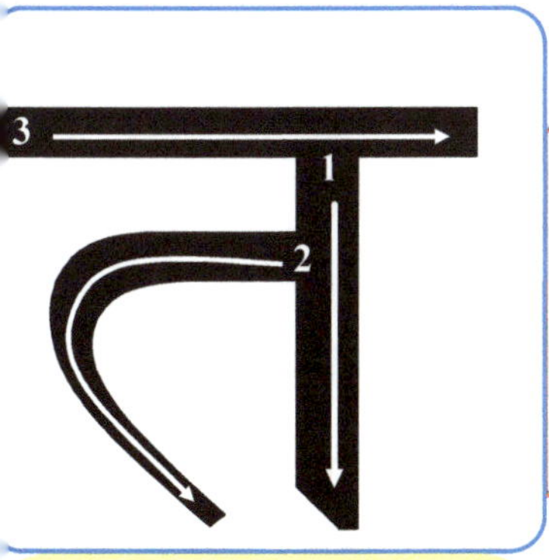

त त त त त त त

तरबूज tarabūj

Watermelon

दिनांक _ _ _ _ _ _ _

दिनांक _ _ _ _ _ _ _

तैरना tairanā

To swim

दिनांक _ _ _ _ _ _ _

तराजू tarājū

Balance

दिनांक _ _ _ _ _ _ _

थ

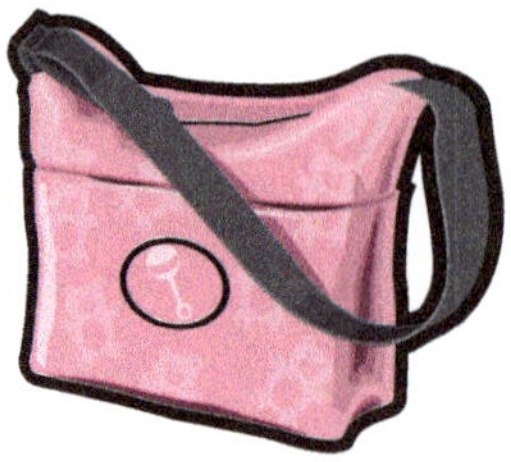

थैला thailā
Bag

थाली thālī
Plate

थकावट thakāvat
Tiredness

थोड़ा thōṛā
Little

धूप की चादर

घना कुहासा छा जाता है ,
ढकते धरती अम्बर ।
ठण्डी-ठण्डी चलें हवाएँ ,
सैनिक जैसी तनकर ।
भालू जी के बहुत मज़े हैं
ओढ़ लिया है कम्बल ।
सर्दी के दिन बीतें कैसे
ठण्डा सारा जंगल ।
खरगोश दुबक एक झाड़ में
काँप रहा था थर-थर ।
ठण्ड बहुत लगती कानों को
मिले कहीं से मफ़लर ।
उतर गया आँगन में सूरज
बिछा धूप की चादर ।
भगा कुहासा पल भर में ही
तनिक न देखा मुड़कर ।

dhūpa kī cādara

ghanā kuhāsā chā jātā hai ,
ḍhakatē dharatī ambara |
ṭhaṇḍī-ṭhaṇḍī calēṁ havāēm̐ ,
sainika jaisī tanakara |
bhālū jī kē bahuta mazē haiṁ
ōṛha liyā hai kambala |
sardī kē dina bītēṁ kaisē
ṭhaṇḍā sārā jaṁgala |
kharagōśa dubaka ēka jhāṛa mēṁ
kām̐pa rahā thā thara-thara |
ṭhaṇḍa bahuta lagatī kānōṁ kō
milē kahīṁ sē mafalara |
utara gayā ām̐gana mēṁ sūraja
bichā dhūpa kī cādara |
bhagā kuhāsā pala bhara mēṁ hī
tanika na dēkhā muṛakara |

आदमी ठंडी से थर-थर कांप रहा है।
ādamī ṭhaṁḍī sē thar-thar kāṁp rahā hai
The man is shivering in the cold.

थाईलैंड में बुद्ध की पूजा होती है।
thāīlaiṁḍ mēṁ buddh kī pūjā hōtī hai
Buddha is worshipped in Thailand.

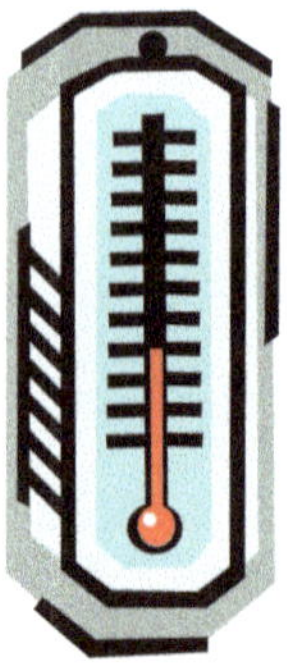

थर्मामीटर तापमान बताता है।
tharmāmīṭar tāpamān batātā hai
Thermometer tells you the temperature.

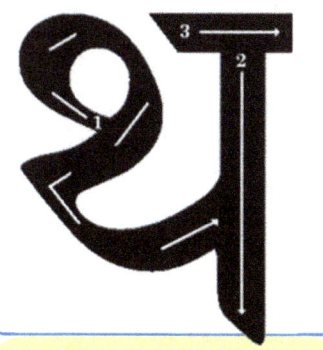

थ

थ थ थ थ थ थ थ

th as in thumb

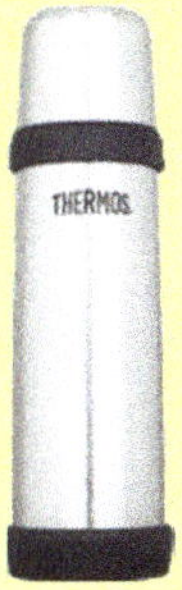

थरमस tharamas

Thermos

थिरकना thirakanā

To Dance

थूकना thūkanā

To Spit

दिनांक _ _ _ _ _ _ _

दिनांक _ _ _ _ _ _ _

दिनांक _ _ _ _ _ _ _

दिनांक _ _ _ _ _ _ _

द

दीपक dīpak

Lamp

दाँत dām̐t

Teeth

दातून dātūn

Stick toothbrush

दर्पण darpaṇ

Mirror

बन्दर को दिल बचाने के लिए दिमाग लगाना पड़ा।

bandar kō dil bacānē kē liē dimāg lagānā paṛā

The monkey had to use his brain to save his heart.

माँ दाँत साफ कर रही हैं।

mām̐ dām̐t sāph kar rahī haiṁ

Mother is cleaning her teeth.

बालिका दर्पण में देख रही है।

bālikā darpaṇ mēṁ dēkh rahī hai

The girl is looking into the mirror.

मैं बहन के साथ रोज दौड़ने जाता हूँ।

maiṁ bahan kē sāth rōj dauṛanē jātā hūm̐

I go running with my sister everyday.

द द द द द द द

da as in this

दरवाजा daravājā

Door

दिनांक _ _ _ _ _ _ _

दिनांक _ _ _ _ _ _ _

दौड़ना dauṛanā

To run

दिनांक _ _ _ _ _ _ _

दूध dūdh

Milk

दिनांक _ _ _ _ _ _ _

ध

धनुष dhanuṣ

Bow

धन dhan

Money

धूम्र-पान dhūmra-pān

Smoking

धुआँ dhuām̐

Smoke

सीता जी के स्वयंवर में राम जी ने धनुष तोड़ा था।

sītā jī kē svayaṁvar mēṁ rām jī nē dhanuṣ tōṛā thā

In Sita ji's groom selection ceremony Ram ji broke the bow.

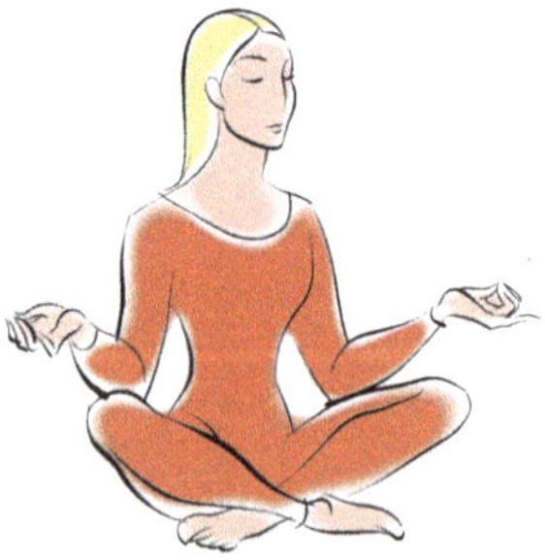

ध्यान करने से मन शांत होता है।

dhyān karanē sē man śāṁt hōtā hai

The mind calms down with meditation.

धुँए से वातावरण गंदा हो जाता है।

dhuyēṁ sē vātāvaraṇ gaṁdā hō jātā hai

The environment gets polluted with smoke.

देने वाले को धन्यवाद करते हैं।

dēnē vālē kō dhanyavād karatē haiṁ

We thank the person who gives something.

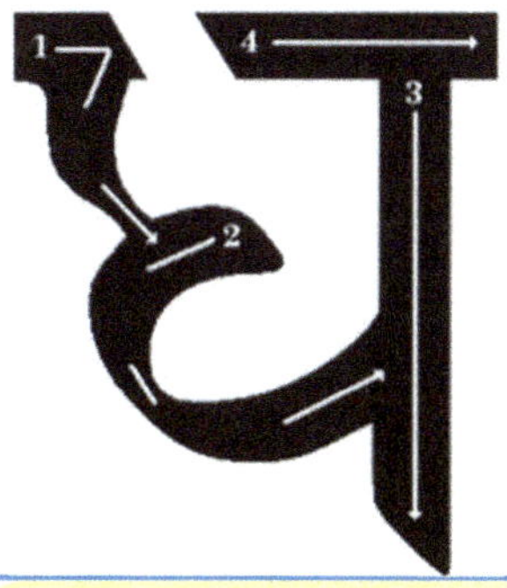

ध ध ध ध ध ध ध

धोना dhōnā

Wash

दिनांक _______

दिनांक _______

ध्यान dhyān

Meditate

दिनांक _______

धन्यवाद dhanyavād

Thank you

दिनांक _______

न

नानी की कहानी

नहाना nahānā

Bath

नग nag

Precious Stone

नदी nadī

River

नभ nabh

Sky

हमें सुनाओ नानी जी,
कुछ ऐसी कथा-कहानी,
जिनमें हों फूलों की बातें,
परियोंवाली रानी।
चंदा मामा किरणों के सँग,
चुपके से आ जाएँ,
दूध-भात से भरा कटोरा,
हम सबको दे जाएँ।

hamēṁ sunāō nānī jī,
kucha aisī kathā-kahānī,
jinamēṁ hōṁ phūlōṁ kī bātēṁ,
pariyōṁvālī rānī |
caṁdā māmā kiraṇōṁ kē sam ga,
cupakē sē ā jāēm ,
dūdha-bhāta sē bharā kaṭōrā,
hama sabakō dē jāēm |

पुराने नगर नदी या समुद्र के किनारे हैं।

purānē nagar nadī yā samudr kē kinārē haiṁ

Old cities are on a river bank or on the seaside.

हाथी अपने उपर पानी फेंककर नहाता है।

hāthī apanē upar pānī phēṁkakar nahātā hai

The elephant bathes by throwing water on itself.

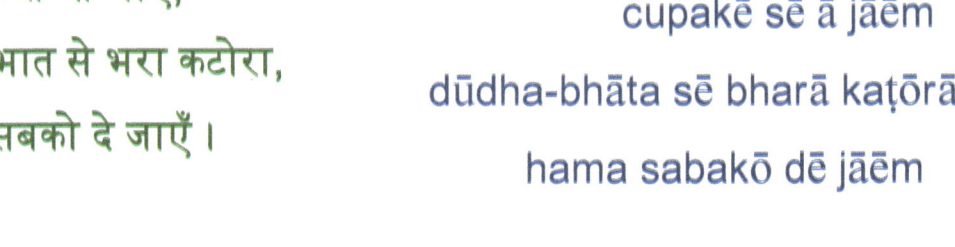

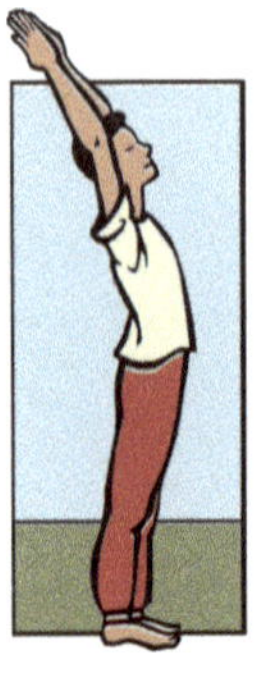

मैं प्रतिदिन सूर्य नमस्कार करता हूँ।

maiṁ pratidin sūry namaskār karatā hūm̐

I perform Sun salutation every morning.

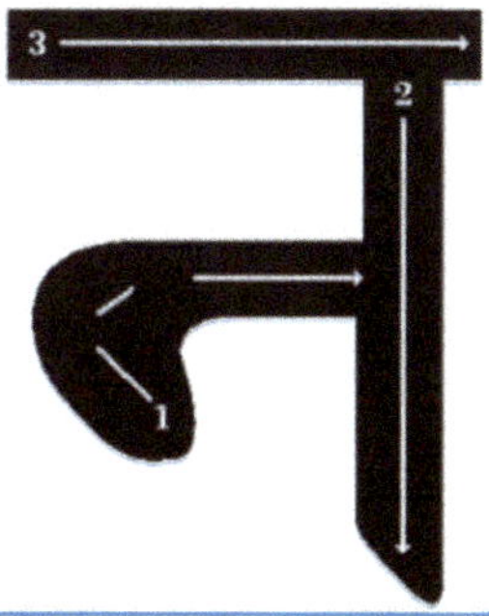

न न न न न न न

na as in nun

नगर nagar

City

दिनांक _ _ _ _ _ _ _

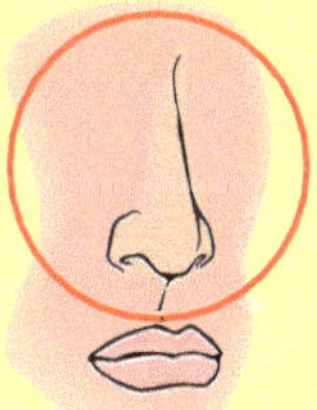

दिनांक _ _ _ _ _ _ _

The Nose

नाक nāk

Nose

दिनांक _ _ _ _ _ _ _

नमस्ते namastē

Namaste

दिनांक _ _ _ _ _ _ _

प

पुस्तक pustak Book

मुझको तो पुस्तक तुम सच्ची
अपनी नानी / दादी लगती
ये दोनों तो अलग शहर में
पर तुम तो घर में ही रहती
जैसे नानी दुम दुम वाली
लम्बी एक कहानी कहती
जैसे चलती अगले भी दिन
दादी एक कहानी कहती
मेरी पुस्तक भी तो वैसी
ढेरों रोज कहानी कहती
पर मेरी पुस्तक तो भैया
पढ़ी-लिखी भी सबसे ज़्यादा
जो भी चाहूँ झट बतलाती
नया पुराना ज़्यादा-ज़्यादा

mujhakō tō pustaka tuma saccī
apanī nānī / dādī lagatī
yē dōnōṁ tō alaga śahara mēṁ
para tuma tō ghara mēṁ hī rahatī
jaisē nānī duma duma vālī
lambī ēka kahānī kahatī
jaisē calatī agalē bhī dina
dādī ēka kahānī kahatī
mērī pustaka bhī tō vaisī
ḍhērōṁ rōja kahānī kahatī
para mērī pustaka tō bhaiyā
paṛhī-likhī bhī sabasē zyādā
jō bhī cāhūm̐ jhaṭa batalātī
nayā purānā zyādā-zyādā

पढ़ना paṛhanā
Read

पत्ता pattā
Leaf

पौधा paudhā
Plant

पंख paṁkh
Feather

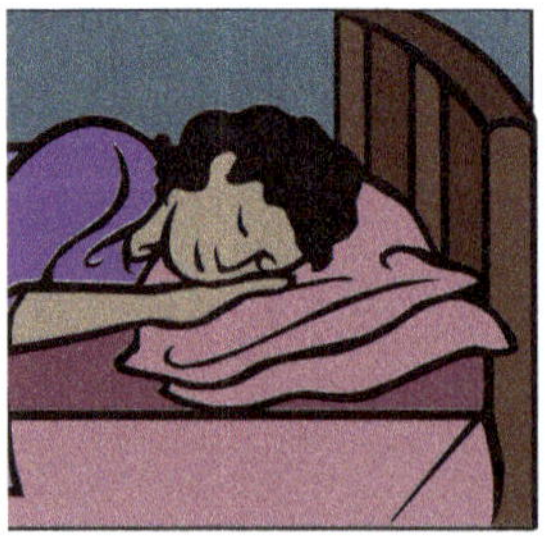

हम पलंग पर सोते हैं।
ham palaṁg par sōtē haiṁ
We sleep on a bed.

बाग में हमने बहुत से पौधे लगाये थे।
bāg mēṁ hamanē bahut sē paudhē lagāyē thē
We had planted many plants in the garden.

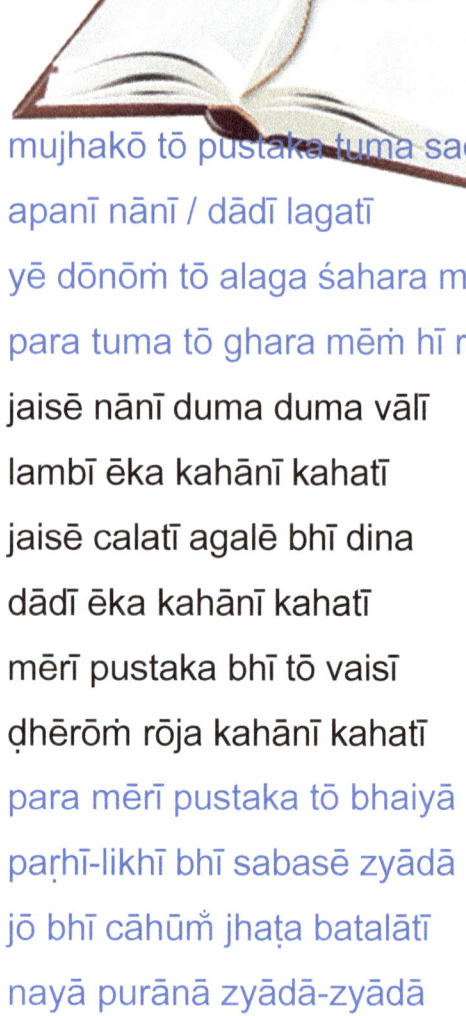

पक्षी चहक रहे हैं।
pakṣī cahak rahē haiṁ
The birds are chirping.

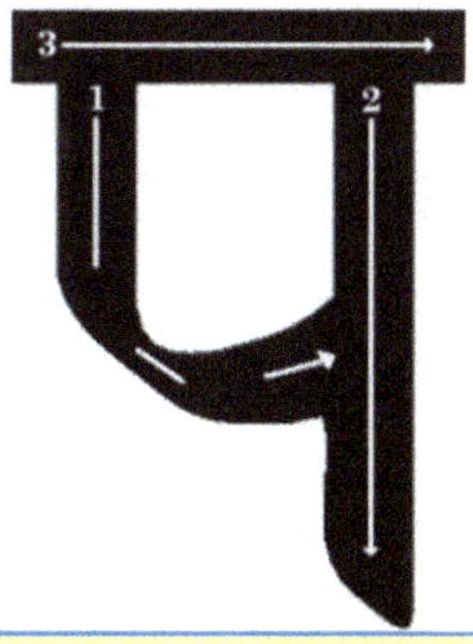

pa as in pundit

पानी pānī

Water

पुस्तक pustak

Book

पलंग palaṁg

Bed

दिनांक _______

दिनांक _______

दिनांक _______

दिनांक _______

फ

फूल phūl Flower

फूल हैं ये कितने कोमल, phūla haiṁ yē kitanē kōmala,
सुंदर दिखते हैं ये हर पल.... suṁdara dikhatē haiṁ yēh arapala...
फूल की जातियां अनेक, phūla kī jātiyāṁ anēka,
फिर भी रहते मिलकर एक.... phira bhī rahatē milakara ēka....
कमल कीचड़ में उग आता, kamala kīcaṛa mēṁ ugaātā,
इतना सुंदर फिर भी दिखता.... itanā suṁdara phira bhī dikhatā....
किसी से भेदभाव न करता, kisīsē bhēdabhāva na karatā,
तभी तो राष्ट्रीय फूल कहलाता tabhī tō rāṣṭrīya phūla kahalātā....
फूलों से मिलकर रहना सीखो, phūlōṁ sē milakara rahanā sīkhō,
आपस में खुश रहना सीखो.... āpasa mēṁ khuśa rahanā sīkhō....
फूल हैं ये कितने कोमल, phūla haiṁ yē kitanē kōmala,
सुंदर दिखते हैं ये हर पल .... suṁdara dikhatē haiṁ yē harapala....

फव्वारा phavvārā
Fountain

फल phal
Fruit

फूल phūl
Flower

फन phan
Fang

गुलाब के फूल सुगंध फैलाते हैं।
gulāb kē phūl sugaṁdh phailātē haiṁ
Rose flowers spread fragrance.

फल खाने से सेहत ठीक रहती है।
phal khānē sē sēhat ṭhīk rahatī hai
Eating fruits keeps us healthy.

फव्वारे से पानी निकलता है।
phavvārē sē pānī nikalatā hai
Water comes out of the fountain.

फ फ फ फ फ फ फ

pha as in family

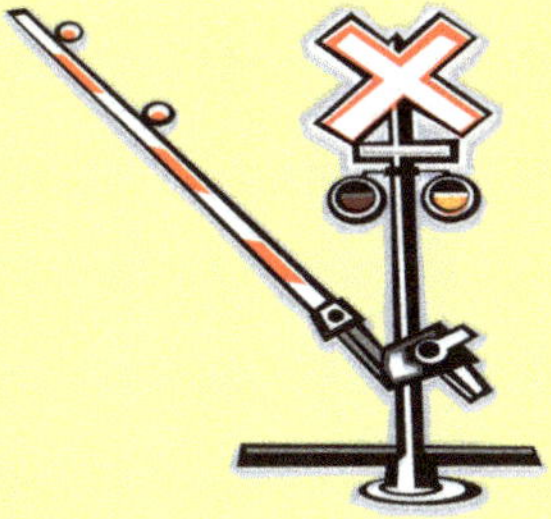

फाटक phāṭak

Gate

दिनांक _ _ _ _ _ _ _

फसल phasal

Crop

दिनांक _ _ _ _ _ _ _

दिनांक _ _ _ _ _ _ _

फैलाना phailānā

To spread

दिनांक _ _ _ _ _ _ _

ब

बत्तख battakh

Duck

बन्दर Bandar

Monkey

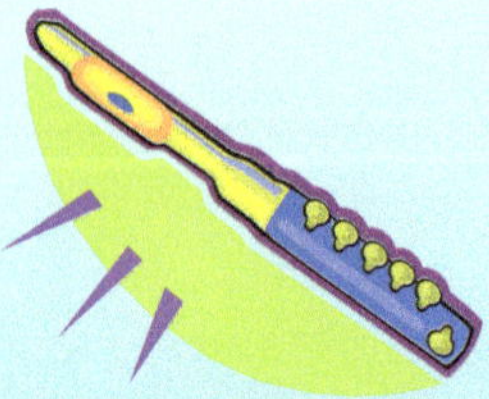

बाँसुरी bām surī

Flute

बाँस bām̐s

Bamboo

गाँधीजी के तीन बंदर बहुत प्रसिद्ध हैं।

gām̐dhījī kē tīn baṁdar bahut prasiddh haiṁ

Gandhi ji's three monkeys are very famous.

बंदर को केला बहुत पसंद है।

baṁdar kō kēlā bahut pasaṁd hai

Monkeys love bananas very much.

श्री कृष्ण बाँसुरी बजा रहे हैं।

śrī kr̥ṣṇ bām surī bajā rahē haiṁ

Shri Krishna is playing a flute.

बोरी में अनाज है।

bōrī mēṁ anāj hai

The sack contains grains.

व व व व व व व

ba as in bus

बर्तन bartan

Pot

दिनांक _______

बोरी bōrī

Sack

दिनांक _______

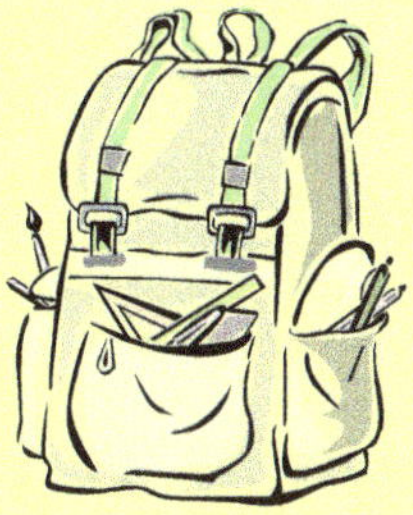

बस्ता bastā

Bag

दिनांक _______

दिनांक _______

भ

आम रसीले भोले-भाले

āma rasīlē bhōlē-bhālē

पकने को तैयार खड़े हैं
शाखाओं पर लदे पड़े हैं
झूमर बनकर लटक रहे हैं
झूम-झूम कर मटक रहे हैं
कोई दशहरी कोई लँगड़ा
फजरी कितना मोटा तगड़ा
बम्बइया की शान निराली
तोतापरी बहुत मतवाली
कुछ गुलाब की खुशबू वाले
आम रसीले भोले-भाले

pakanē kō taiyāra kharẹ̄ haiṁ
śākhāōṁ para ladē parẹ̄ haiṁ
jhūmara banakara laṭaka rahē haiṁ
jhūma-jhūma kara maṭaka rahē haiṁ
kōī daśaharī kōī laṁ̐garạ̄
phajarī kitanā mōṭā tagarạ̄
bamba:iyā kī śāna nirālī
tōtāparī bahuta matavālī
kucha gulāba kī khuśabū vālē
āma rasīlē bhōlē-bhālē

भगवान bhagavān
God

भागना bhāganā
To run

भरना bharanā
Fill

भवन bhavan
House

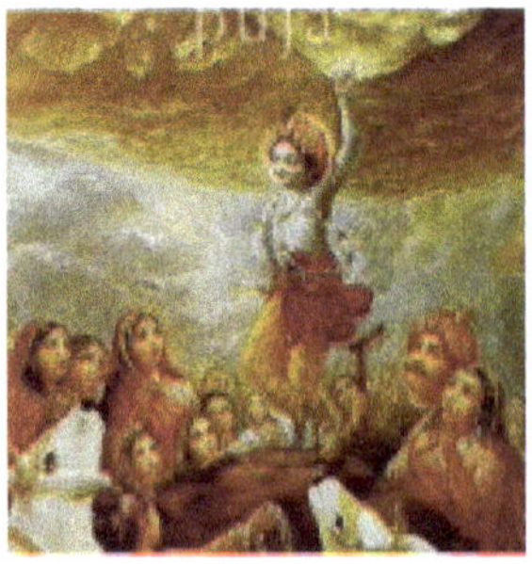

भगवान सज्जनों की रक्षा करते हैं।
bhagavān sajjanōṁ kī rakṣā karatē haiṁ
God protects good people.

चिड़ियों के लिए पानी भरना मत भूलना।
ciṛiyōṁ kē liē pānī bharanā mat bhūlanā
Don't forget to fill water for the birds.

मैं पाठशाला के बाद भाग कर अपने भवन जाता हूँ।
maiṁ pāṭhaśālā kē bād bhāg kar apanē
I run to my house after school.

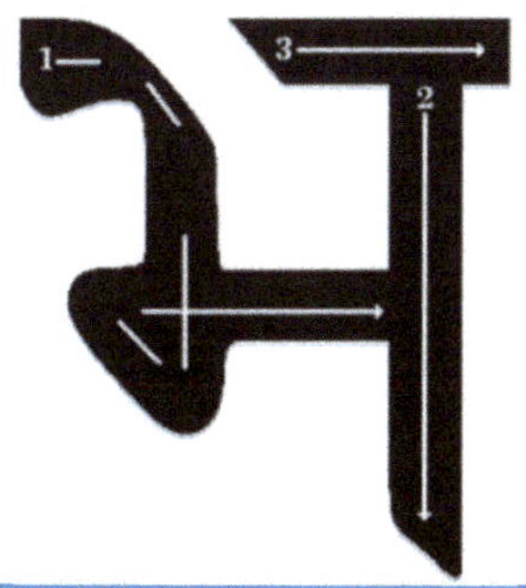

भ भ भ भ भ भ भ

bha as in Bharat

भूरा bhūrā

Brown

भूलना bhūlanā

To forget

दिनांक _ _ _ _ _ _ _

दिनांक _ _ _ _ _ _ _

भिगोना bhigōnā

To soak

दिनांक _ _ _ _ _ _ _

दिनांक _ _ _ _ _ _ _

म

महिला mahilā
Woman

मित्र mitra
Friend

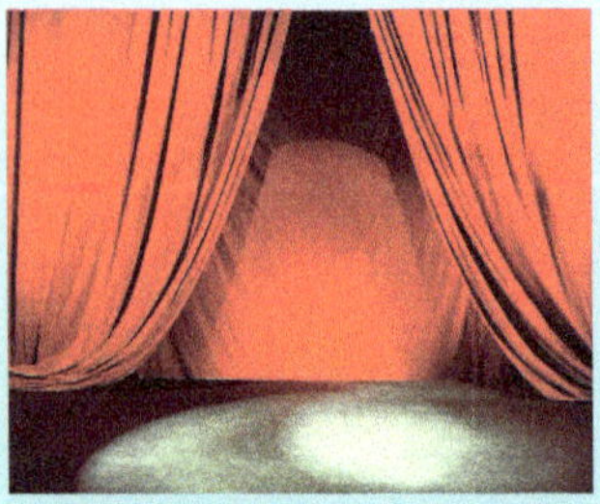

मञ्च mañc
Stage

मंदिर maṁdir
Temple

राजा ने असली माँ पता कर ली।
rājā nē asalī mām̐ patā kar lī
The King found out who was the real mother.

मखमल महंगा होता है।
makhamal mahaṁgā hōtā hai
Velvet is costly.

मित्र के साथ मञ्च पर डर नहीं लगता है।
mitr kē sāth mañc par ḍar nahīṁ lagatā hai
You do not get stage fright when you are with a friend.

मंदिर के बगल में बड़ा मैदान है।
maṁdir kē bagal mēṁ baṛā maidān hai
There is open field next to the temple.

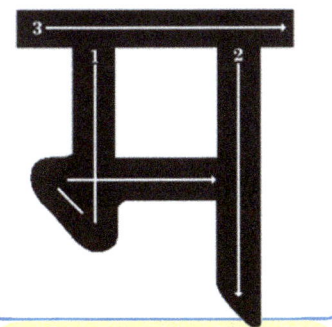

म

ma as in <u>m</u>ilk

मखमल makhamal

Velvet

महंगा mahaṁgā

Costly

मैदान maidān

Open Field

दिनांक _ _ _ _ _ _

दिनांक _ _ _ _ _ _

दिनांक _ _ _ _ _ _

दिनांक _ _ _ _ _ _

य

यज्ञ yajñ
Religious offering

युवक yuvak
Young Boy

योगी yōgī
Yogi

याद yād
Memory

युवक नाई को बेवकूफ बनाने चला था।
yuvak nāī kō bēvakūph banānē calā thā
The boy wanted to fool the barber.

योगी यज्ञ कर रहे हैं।
yōgī yajñ kar rahē haiṁ
Sages are offering sacrifice to god.

हाईवे पर यातायात ठप्प था।
hāīvē par yātāyāt ṭhapp thā
The traffic was jammed on the highway.

मुझे जहाज की यात्रा याद है।
mujhē jahāj kī yātrā yād hai
I remember my trip on the ship.

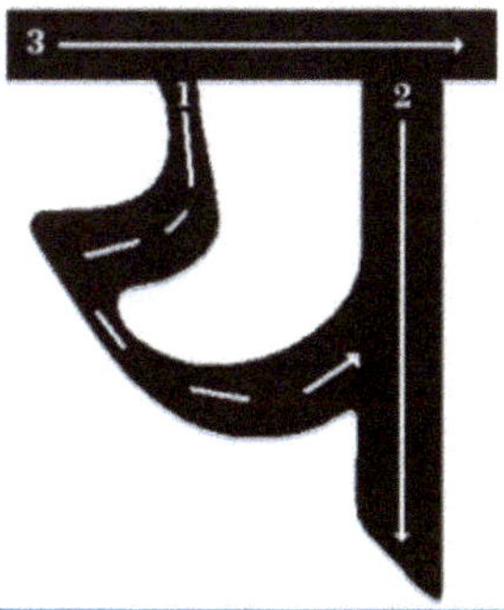

य य य य य य य

ya as in yellow

यातायात yātāyāt

Traffic

यान yān

Ship/Craft

युद्ध yuddh

War

दिनांक _______

दिनांक _______

दिनांक _______

दिनांक _______

र

रखना rakhanā
To put

रत्न ratn
Precious stone

रास्ता rāstā
Path

रेत rēt
Sand

होली में लोग एक-दूसरे को रंगों से भिगोते हैं।
hōlī mēṁ lōg ēka-dūsarē kō raṁgōṁ sē bhigōtē haiṁ
In Holi people make each other wet with color.

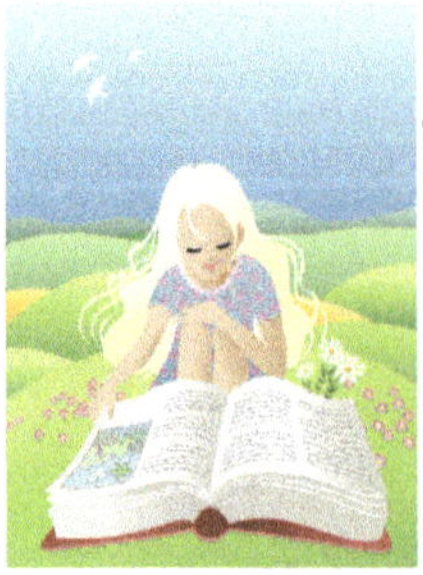

किताब बहुत रोचक थी।
kitāb bahut rōcak thī
The book was very interesting.

रास्ता भूलने पर रोना नहीं चाहिए
rāstā bhūlanē par rōnā nahīṁ cāhiē
One should not cry on getting lost.

रेगिस्तान में चारों तरफ रेत होती है।
rēgistān mēṁ cārōṁ taraph rēt hōtī hai
In the desert the sand is everywhere.

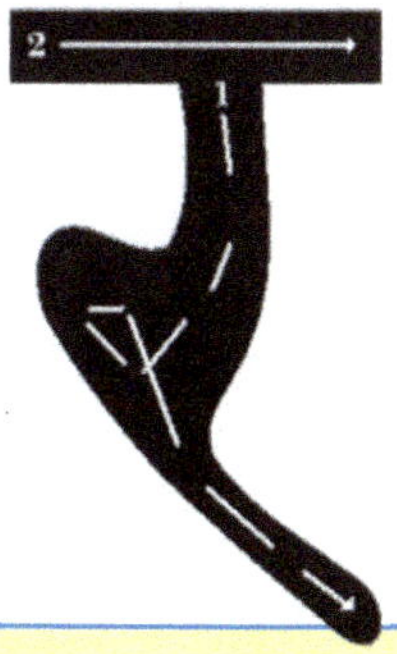

र र र र र र र

ra as in run

रस ras

Juice

रोचक rōcak

Adventurous

रोना rōnā

To cry

दिनांक _______

दिनांक _______

दिनांक _______

दिनांक _______

ल

लम्बा lambā

Long

लड़का laṛakā

Boy

लटकना laṭakanā

To hang

लपकना lapakanā

To catch

लुटेरों ने भोले आदमी की बकरी और घोड़ा चुरा लिया।

luṭērōṁ nē bhōlē ādamī kī bakarī aur ghōṛā curā liyā

Thugs stole the simple man's goat and horse.

लौकी लम्बी होती है।

laukī lambī hōtī hai

Lauki is long.

लाल बत्ती छत से लटक रही है।

lāl lbattī chat sē laṭak rahī hai

The red light is hanging from the ceiling.

पुस्तकालय की किताबें लौटानी पड़ती है।

pustakālay kī kitābēṁ lauṭānī paṛatī hai

You have to return library books.

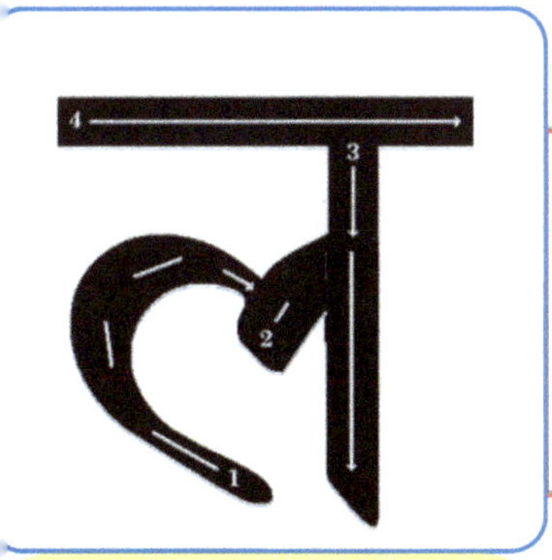

ल ल ल ल ल ल ल

la as in learn

लाल lāl

Red

लालटेन lālaṭēn

Lantern

लौटाना lauṭānā

To return

दिनांक _______

दिनांक _______

दिनांक _______

दिनांक _______

व

वन van

Jungle

वाणी vāṇī

Speech

वाहन vāhan

Carrier/Vehicle

विजय vijay

Victory

नालन्दा विश्वविद्यालय में विदेशों से विद्यार्थी आते थे।

nālandā viśvavidyālay mēṁ vidēśōṁ sē vidyārthī ātē thē

Foreign students used to come to Nalanda University.

वन में वानर मिलते हैं।

van mēṁ vānar milatē haiṁ

Monkeys are found in jungles.

वैन मेरे परिवार का दूसरा वाहन है।

vain mērē parivār kā dūsarā vāhan hai

A van is our family's second vehicle.

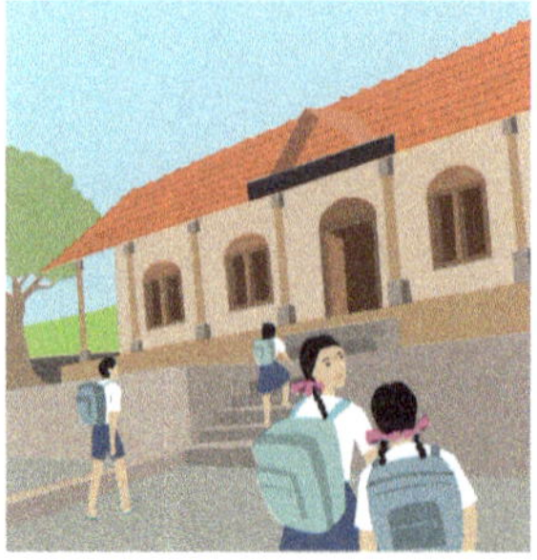

हम स्कूल में विद्या पाने के लिए जाते हैं।

ham skūl mēṁ vidyā pānē kē liē jātē haiṁ

We go to school to get knowledge.

व व व व व व व

va as in van

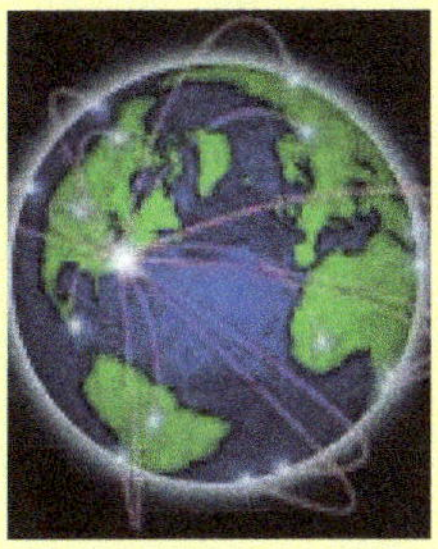

वितरण vitaraṇ

Distribute

दिनांक _______

दिनांक _______

विदेश vidēś

Foreign

दिनांक _______

विद्या vidyā

Knowledge

दिनांक _______

श

शंका śaṁkā
Doubt

शक्कर śakkar
Sugar

शरीर śarīr
Body

शांति śāṁti
Peace

झूठ बोलने वाले लड़के के शोर मचाने पर कोई नहीं आया।
jhūṭh bōlanē vālē laṛakē kē śōr macānē par kōī nahīṁ āyā
No one came when the lying boy shouted for help.

शरबत में शक्कर होती है।
śarabat mēṁ śakkar hōtī hai
Sherbet has sugar in it.

कसरत से शरीर स्वस्थ रहता है।
kasarat sē śarīr svasth rahatā hai
Exercise keeps the body healthy.

दौड़ शुरु होने से पहले सब शांत थे।
dauṛ śuru hōnē sē pahalē sab śāṁt thē
Everyone was quiet before the race.

श श श श श श श

śa as in shout

शरबत śarabat
Sherbet

दिनांक _ _ _ _ _ _ _

शिकायत śikāyat
Complaint

दिनांक _ _ _ _ _ _ _

शुरु śuru
Start

दिनांक _ _ _ _ _ _ _

दिनांक _ _ _ _ _ _ _

ष

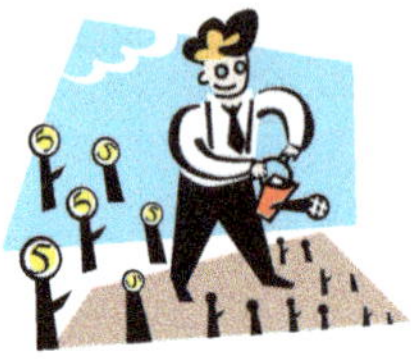

षड्यंत्र ṣaḍyaṁtr
Sinister Plan

मंथरा के षड्यंत्र के कारण राम को वनवास जाना पड़ा।
maṁtharā kē ṣaḍayaṁtr kē kāraṇ rām kō vanavās jānā paṛā
Ram had to go to the jungle due to sinister plan of Manthara.

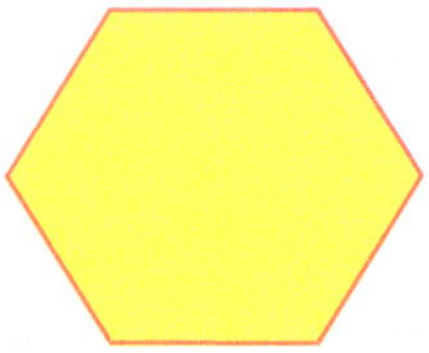

षट्कोण ṣaṭakōṇ
Hexagon

वर्षा में नहाने का विशेष मजा है।
varṣā mēṁ nahānē kā viśēṣ majā hai
There is special fun in taking shower in the rain.

भाषा bhāṣā
Language

मुझे तीन भाषाएँ आती हैं।
mujhē tīn bhāṣāēm̐ ātī haiṁ
I know three languages.

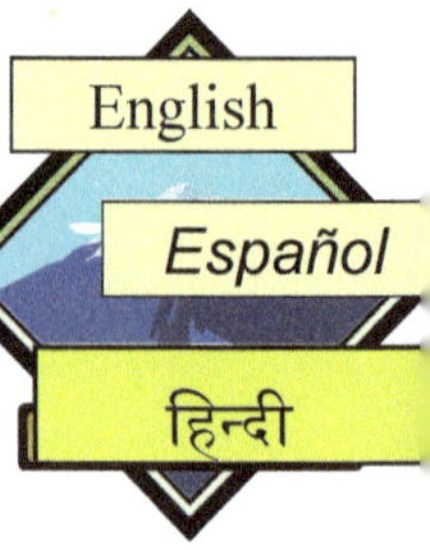

विषय viṣay
Subject

गणित मेरा प्रिय विषय है।
gaṇit mērā priy viṣay hai
Mathematics is my favorite subject.

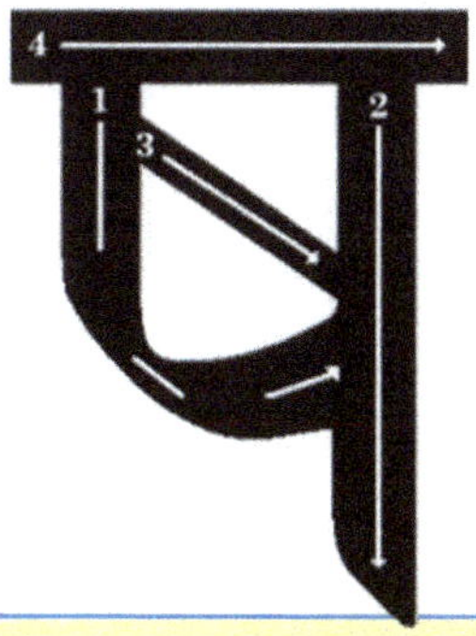

ष ष ष ष ष ष ष

विशेष viśēṣ

Special

दिनांक _______

दिनांक _______

दोष dōṣ

Deficiency

दिनांक _______

वर्षा varṣā

Rain

दिनांक _______

स

संकट samkaṭ
Danger

संख्या saṁkhyā
Number

संगीत saṁgīt
Music

संतोष saṁtōṣ
Satisfaction

भारतीय सभ्यता सदियों पुरानी है।
bhāratīy sabhyatā sadiyōṁ purānī hai
The Indian civilization is centuries old.

संगीत संस्कृति का हिस्सा है।
saṁgīt saṁskr̥ti kā hissā hai
Music is a part of culture.

संख्या भारत से दूसरे देशों में पहुँची।
saṁkhyā bhārat sē dūsarē dēśōṁ mēṁ pahucī
India gave the number system to the world.

सड़क दोनों तरफ देखकर पार करो।
saṛak dōnōṁ taraph dēkhakar pār karō
Look both sides before crossing the road.

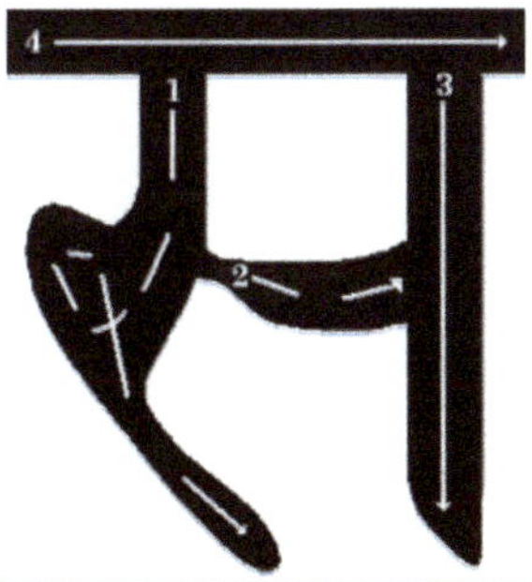

स स स स स स स

sa as in <u>s</u>un

सम्पादन sampādan
Editing

दिनांक _ _ _ _ _ _ _

दिनांक _ _ _ _ _ _ _

संस्कृति saṁskr̥ti
Culture

दिनांक _ _ _ _ _ _ _

सड़क saṛak
Road

दिनांक _ _ _ _ _ _ _

ह

हँसना hamँsanā

To Laugh

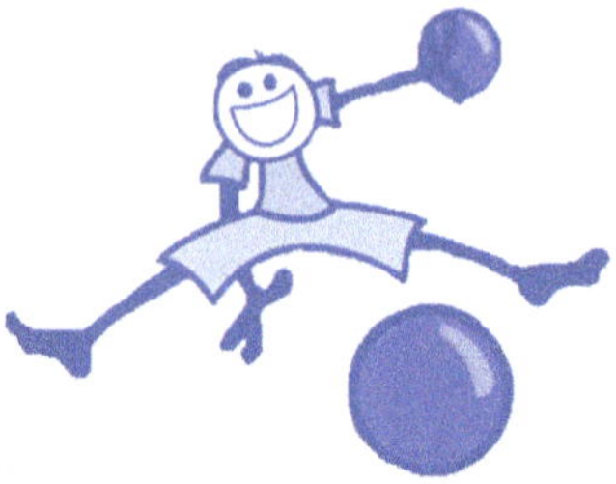

हटना haṭanā

Move

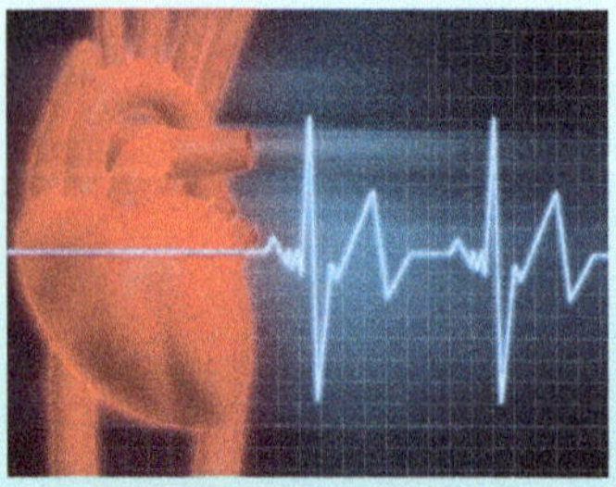

हृदय hṛday

Heart

हम ham

We

हरिद्वार में लाखों लोग गंगा में नहाते हैं।

haridvār mēṁ lākhōṁ lōg gaṁgā mēṁ nahātē haiṁ

Millions of people take bath in the Ganga at Haridvar.

होशियार लोग नहीं हारते हैं।

hōśiyār lōg nahīṁ hāratē hai

Clever people do not lose.

हँसना एक दवा है।

hamँsanā ēk davā hai

Laughter is a medicine.

हम हवन में सपरिवार जाते हैं।

ham havan mēṁ saparivār jātē haiṁ

I go to the havan with my family.

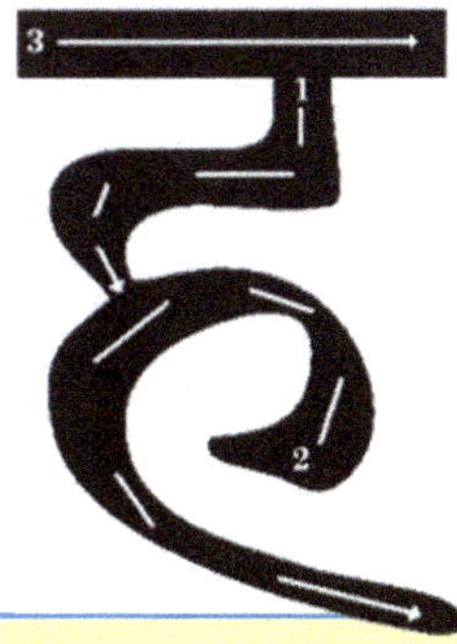

ह ह ह ह ह ह ह

ha as in home

हवन havan
Offering to fire

दिनांक _ _ _ _ _ _ _

दिनांक _ _ _ _ _ _ _

हारना hāranā
Lose

दिनांक _ _ _ _ _ _ _

दिनांक _ _ _ _ _ _ _

होशियार hōśiyār
Clever

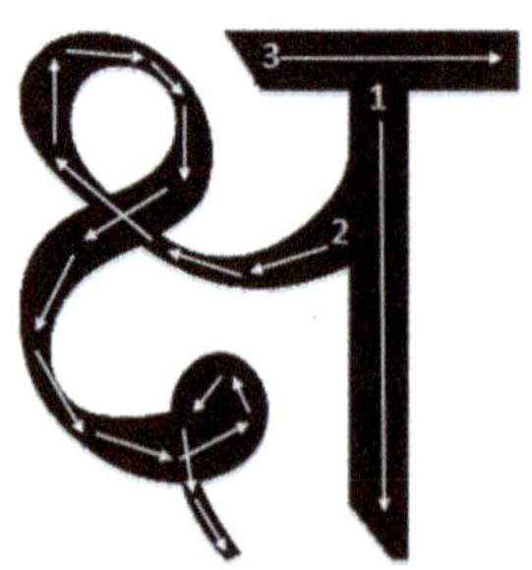

क्ष क्ष क्ष क्ष क्ष क्ष क्ष

क्षत्रिय kṣatriy
Warrior

दिनांक _ _ _ _ _ _ _

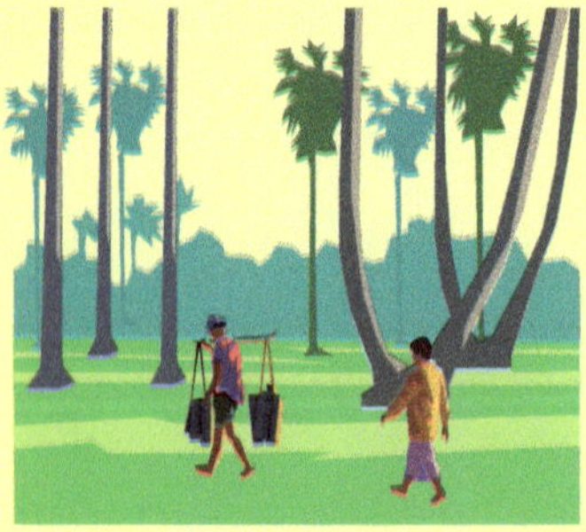

क्षेत्र kṣētr
Fields

दिनांक _ _ _ _ _ _ _

दिनांक _ _ _ _ _ _ _

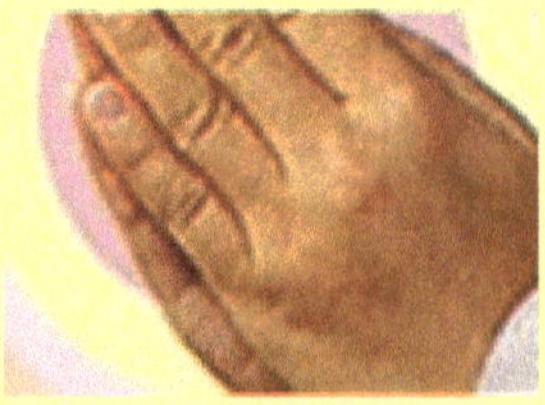

क्षमा kṣamā
Pardon

दिनांक _ _ _ _ _ _ _

त्र त्र त्र त्र त्र त्र त्र

tra as in man<u>tr</u>a

त्रिशूल triśūl

Trident

दिनांक _ _ _ _ _ _ _

त्रिकोण trikōṇ

Triangle

दिनांक _ _ _ _ _ _ _

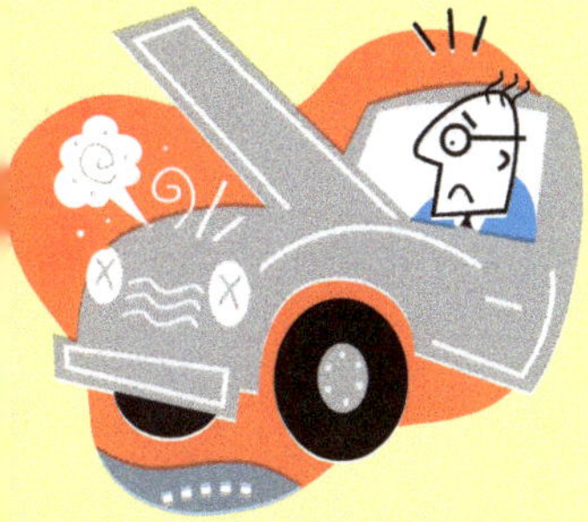

त्रस्त trast

Troubled

दिनांक _ _ _ _ _ _ _

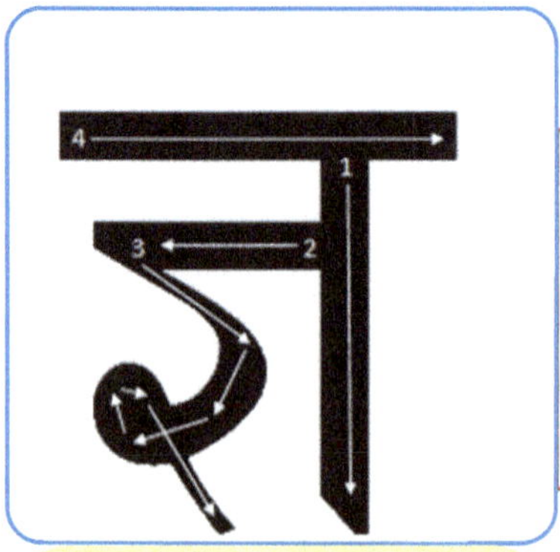

ज्ञान jñān
Knowledge

ज्ञानी jñānī
Learned

प्रतिज्ञा pratijñā
Oath

ज्ञ ज्ञ ज्ञ ज्ञ ज्ञ ज्ञ ज्ञ

दिनांक _____

दिनांक _____

दिनांक _____

दिनांक _____

śra as in shrink

श्रीमान śrīmān

Mr. (Mister)

श्रीमती śrīmatī

Mrs.

श्रवण śravaṇ

To listen

दिनांक _______

दिनांक _______

दिनांक _______

दिनांक _______

ड़

ड़ ड़ ड़ ड़ ड़ ड़ ड़

दौड़ना dauṛanā

To Run

दिनांक _ _ _ _ _ _ _

लड़ना laṛanā

To Fight

दिनांक _ _ _ _ _ _ _

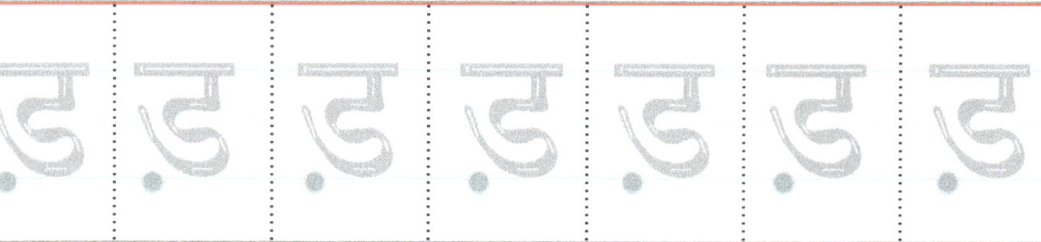

पकड़ना pakaṛanā

To Hold

दिनांक _ _ _ _ _ _ _

दिनांक _ _ _ _ _ _ _

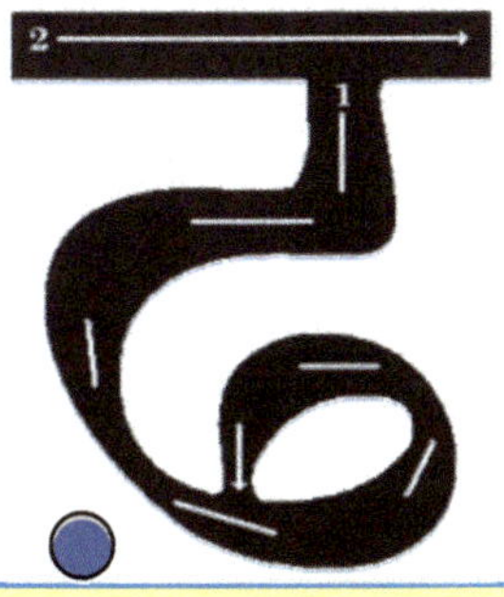

ढ ढ ढ ढ ढ ढ ढ

पढ़ना paṛhanā

To Read

दिनांक _ _ _ _ _ _ _

दिनांक _ _ _ _ _ _ _

चढ़ना caṛhanā

To Climb

दिनांक _ _ _ _ _ _ _

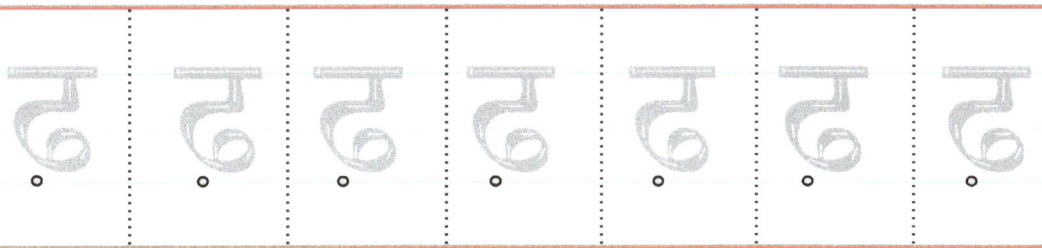

गाढ़ा gāṛhā

Thick

दिनांक _ _ _ _ _ _ _

गिनो और संख्या लिखो ginō aur saṁkhyā likhō Count and write the number

एक ēk One

१

दो dō Two

२

तीन tīn Three

३

चार chār Four

४

पाँच pām̐ch Five

५

गिनो और संख्या लिखो ginō aur saṁkhyā likhō Count and write the number.

छह chhah Six

६

सात sāt Seven

७

आठ āṭh Eight

८

नौ nau Nine

९

दस das Ten

१०

गिनती पढ़ो और लिखो
Read the number and write

ग्यारह gyāraha Eleven

११						

बारह bārah Twelve

१२						

तेरह tērah Thirteen

१३						

चौदह chaudah Fourteen

१४						

पंद्रह paṁdrah Fifteen

१५						

गिनती पढ़ो और लिखो
Read the number and write

सोलह sōlah Sixteen

१६						

सत्रह satrah Seventeen

१७						

अठारह aṭhārah Eighteen

१८						

उन्नीस unnīs Nineteen

१९						

बीस bīs Twenty

२०						

कक्षा और पढ़ाई kakṣā aura paṛhāī Class and study related

Hello/Hi	नमस्ते	namastē
We will do prayer	हम प्रार्थना करेंगे	hama prārthanā karēṁgē
All stand up	सभी खड़े हो जाओ	sabhī khaṛē hō jāō
All sit down	सभी बैठ जाओ	sabhī baiṭha jāō
Do not make noise	शोर नहीं मचाओ	śōra nahīṁ macāvō
Open your book	अपनी पुस्तक खोलें	apanī pustaka khōlēṁ
Have you done your homework	क्या आपने होमवर्क किया	kyā āpanē hōmavarka kiyā
It is cold today	आज ठंडा है	āja ṭhaṁḍā hai
it is nice today	आज अच्छा है	āja acchā hai
Keep bag on your desk	अपने बैग डेस्क पर रखें	apanē ḍēska para baiga rakhēṁ
I am thirsty	मुझे प्यास लगी है	mujhē pyāsa lagī hai
I have to go restroom	मुझे टॉयलेट जाना है	mujhē ṭôyalēṭa jānā hai
I forgot to do homework	मैं होमवर्क करना भूल गया	maiṁ hōmavarka karanā bhūla gayā
I was very busy	मैं बहुत व्यस्त था	maiṁ bahuta vyasta thā
I like Hindi class	मुझे हिंदी कक्षा पसंद है	mujhē hiṁdī kakṣā pasaṁda hai
I went shopping	मैं खरीदारी करने गया था	maiṁ kharīdārī karanē gayā thā
I go to math class also	मैं गणित में भी जाता हूँ	maiṁ gaṇita mēṁ bhī jātā hūm̐
I am learning Sanskrit too	मैं संस्कृत भी सीख रहा हूँ	maiṁ saṁskṛta bhī sīkha rahā hūm̐
Do you speak Hindi at home	क्या आप घर पर हिंदी बोलते हैं	kyā āpa ghara para hiṁdī bōlatē haiṁ
No, we speak Telugu at home	नहीं, हम घर पर तेलुगु बोलते हैं	nahīṁ, hama ghara para tēlugu bōlatē haiṁ
Do you watch Hindi movie	क्या आप हिंदी फिल्म देखते हैं	kyā āpa hiṁdī philma dēkhatē haiṁ
yes, I watch Hindi movie	हाँ, हम हिंदी फिल्म देखते हैं	hām̐, hama hiṁdī philma dēkhatē haiṁ
I like Hritik Rosan	मुझे ऋतिक पसंद हैं	mujhē ṛtika pasaṁda haiṁ

अभिनन्दन और शिष्टाचार abhinandana aura śiṣṭācāra Greetings and smalltalk

Hello/Hi	नमस्ते	namastē
Good Morning	सुप्रभातम	suprabhātama
Goodnight	शुभरात्री	śubharātrī
Goodbye/Bye	फिर मिलेगे	phira milēgē
Pleased to meet you	आपसे मिलकर खुशी हुई	āpasē milakara khuśī huī
How are you?	आप कैसे हैं	āpa kaisē haiṁ
Fine, thanks	मै ठीक हूँ, धन्यवाद	mai ṭhīka hūm̐, dhanyavāda
You're welcome	आपका स्वागत है	āpakā svāgata hai
My name is…	मेरा नाम ..... है	mērā nāma ..... hai
What's your name?	आपका नाम क्या है	āpakā nāma kyā hai
Please	कृपया	kṛpayā
Thank you (very much)	धन्यवाद (बहुत)	dhanyavāda (bahuta)
OK/fine	ठीक है	ṭhīka hai
Pardon?	क्या कहा?	kyā kahā?
Excuse me /Sorry	क्षमा करें	kṣamā karēṁ
I don't know	मुझे नही मालूम	mujhē nahī mālūma
I don't understand	मुझे नहीं समझा	mujhē nahīṁ samajhā
Could you repeat that?	क्या आप इसे फिर से कह सकते हैं?	kyā āpa isē phira sē kaha sakatē haiṁ?
I don't speak Hindi	मैं हिन्दी नहीं बोलता हूँ	maiṁ hindī nahīṁ bōlatā hūm̐
Do you speak English?	क्या आप अंग्रेज़ी बोलते हैं?	kyā āpa aṁgrēzī bōlatē haiṁ?
What is the Hindi for…?	.. के लिए हिन्दी क्या है ?	.. kē liē hindī kyā hai ?
What's that?	वह क्या है?	vaha kyā hai?
What's that called?	उसे क्या कहते हैं	usē kyā kahatē haiṁ
Can you tell me…	क्या आप मुझे बता सकते हैं ...	kyā āpa mujhē batā sakatē haiṁ

शरीर के अंग śarīr kē aṁg Body Parts

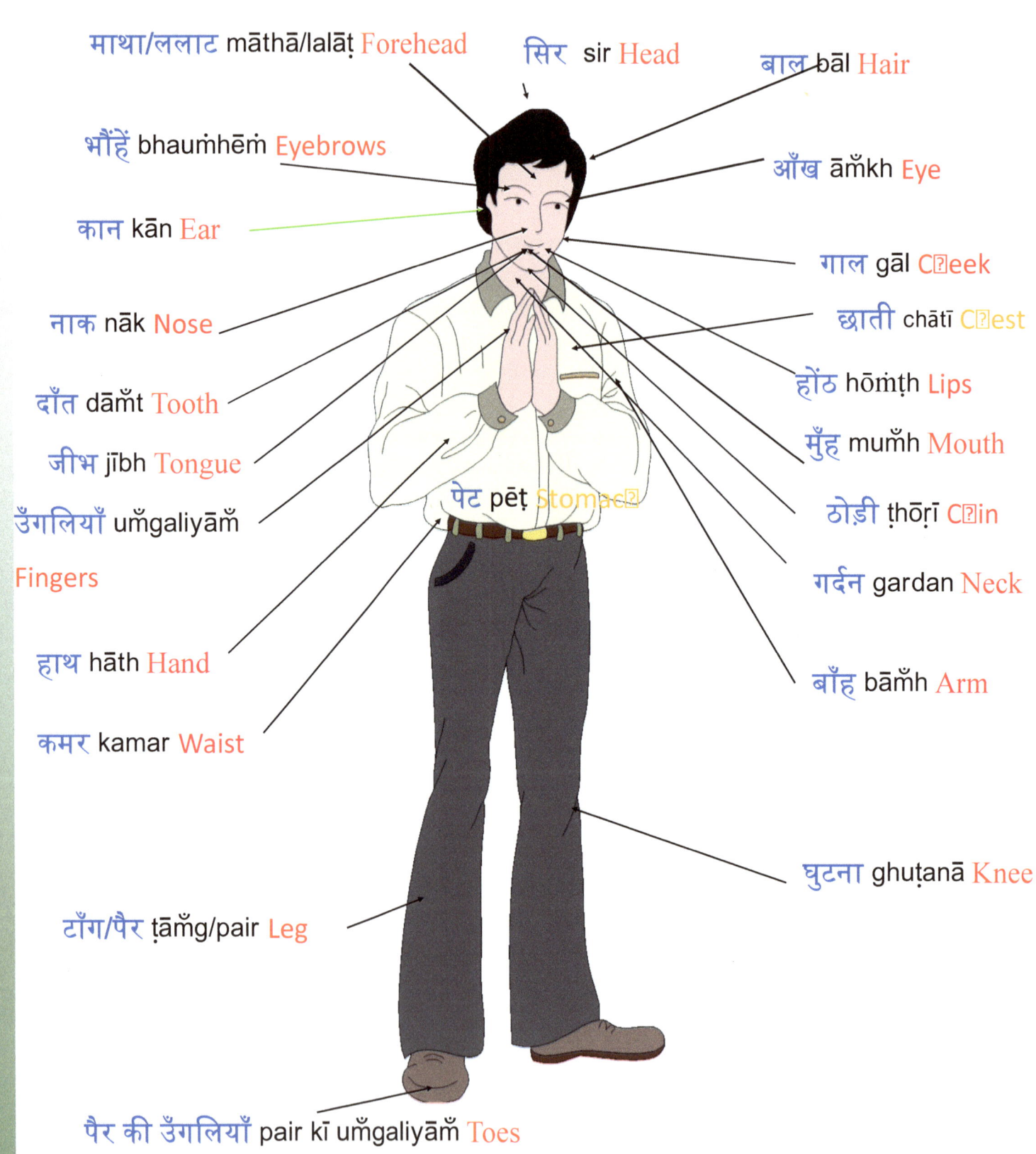

क्रियाएँ kriyāēm̐ Action/Verbs

पढ़ना
paṛhanā
Read

लिखना
likhanā
Write

छूना
chūnā
Touch

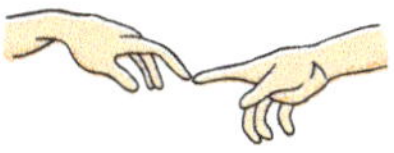

मुड़ना
muṛanā
Bend

चलना
calanā
Walk

रुकना
rukanā
Stop

दौड़ना
dauṛanā
Run

कूदना
kūdanā
Jump

रोना
rōnā
Cry

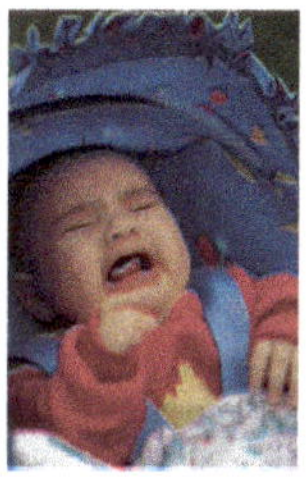

हँसना
ham sanā
Laugh

सोना
sōnā
Sleep

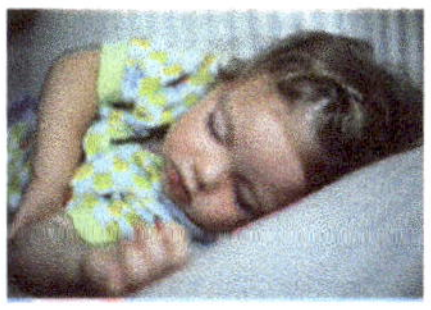

जगना
jāganā
Wake up

खाना
khānā
Eat

धोना
dhōnā
Wash

नहाना
nahānā
Bath

खेलना
khēlanā
Play

उतरना
utaranā
Step down

चढ़ना
caṛhanā
Climb

रंगों के नाम ramgōm kē nām Names of Colors

नारंगी nāramgī
Orange

नीला nīlā
Blue

हरा harā
Green

भूरा bhūrā
Brown

गुलाबी gulābī
Rose

लाल lāl
Red

पीला pīlā
Yellow

बैंगनी baimganī
Purple

सफेद saphēd
White

काला kālā
Black

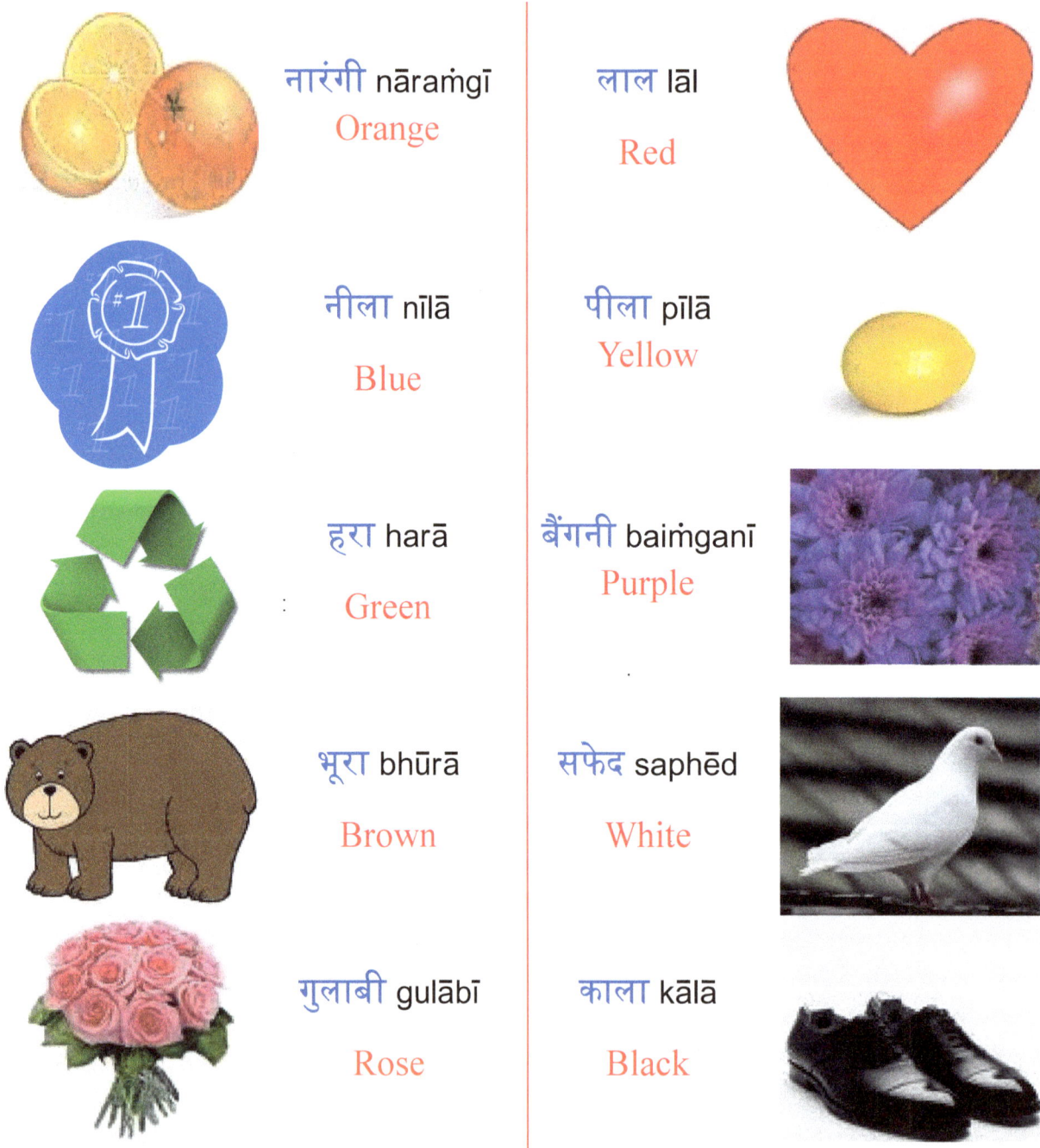

इन्द्र धनुष में कितने रंग होते हैं?

indr dhanuṣ mēṁ kitanē raṁg hōtē haiṁ

How many colors are there in a rainbow?

दिन din Days

दिन	din	Days	Zodiac origin , Indian significance
सोमवार	sōmavār	Monday	Moon; Lord Shiv
मंगलवार	maṁgalavār	Tuesday	Mars; Lord Ganapati
बुधवार	budhavār	Wednesday	Venus; Lord Krishna
बृहस्पतिवार/ गुरुवार	br̥haspativār / guruvār	Thursday	Jupiter; Lakshmee Ji
शुक्रवार	śukravār	Friday	Mercury; Santoshi Maa
शनिवार	śanivār	Saturday	Saturn; Hanumaan Ji/ Shanigraha
रविवार	ravivār	Sunday	Sun; No Salt day

सप्ताह में कितने दिन होते हैं?

saptāh mēṁ kitanē din hōtē haiṁ ?

How many days are in a week?

सब्जियों के नाम sabjiyōṁ kē nām Names of Vegetables

लौकी

laukī

Long Gourd

करेला

karēlā

Bitter Gourd

कद्दू

kaddū

Pumpkin

लहसुन

lahasun

Garlic

अदरक

adarak

Ginger

पालक

pālak

Spinach

आलू

ālū

Potato

टमाटर

ṭamāṭar

Tomato

बैंगन

baiṁgan

Eggplant

फूल गोभी

phūl gōbhī

Cauliflower

मिर्च

mirc

Hot-Pepper

मूली

mūlī

Radish

प्याज

pyāj

Onion

भिंडी

bhiṁḍī

Okra

गाजर

gājar

Carrot

पत्ता गोभी

pattā gōbhī

Cabbage

शिमला मिर्च

śimalā mirc

Bell Pepper (Capsicum)

खीरा

khīrā

Cucumber

फलों के नाम phalōṁ kē nām Names of Fruits

आम ām

Mango

अंगूर aṁgūr

Grapes

अनार anār

Pomegranate

केला kēlā

Banana

सेब sēb

Apple

इमली īmalī

Tamarind

अमरुद amarud

Guava

आड़ू āṛū

Peach

नाशपाती

nāśapātī

Pear

संतरा saṁtarā

Orange

अन्नानास annānās

Pineapple

तरबूज tarabūj

Watermelon

रिश्ते riśtē Relations

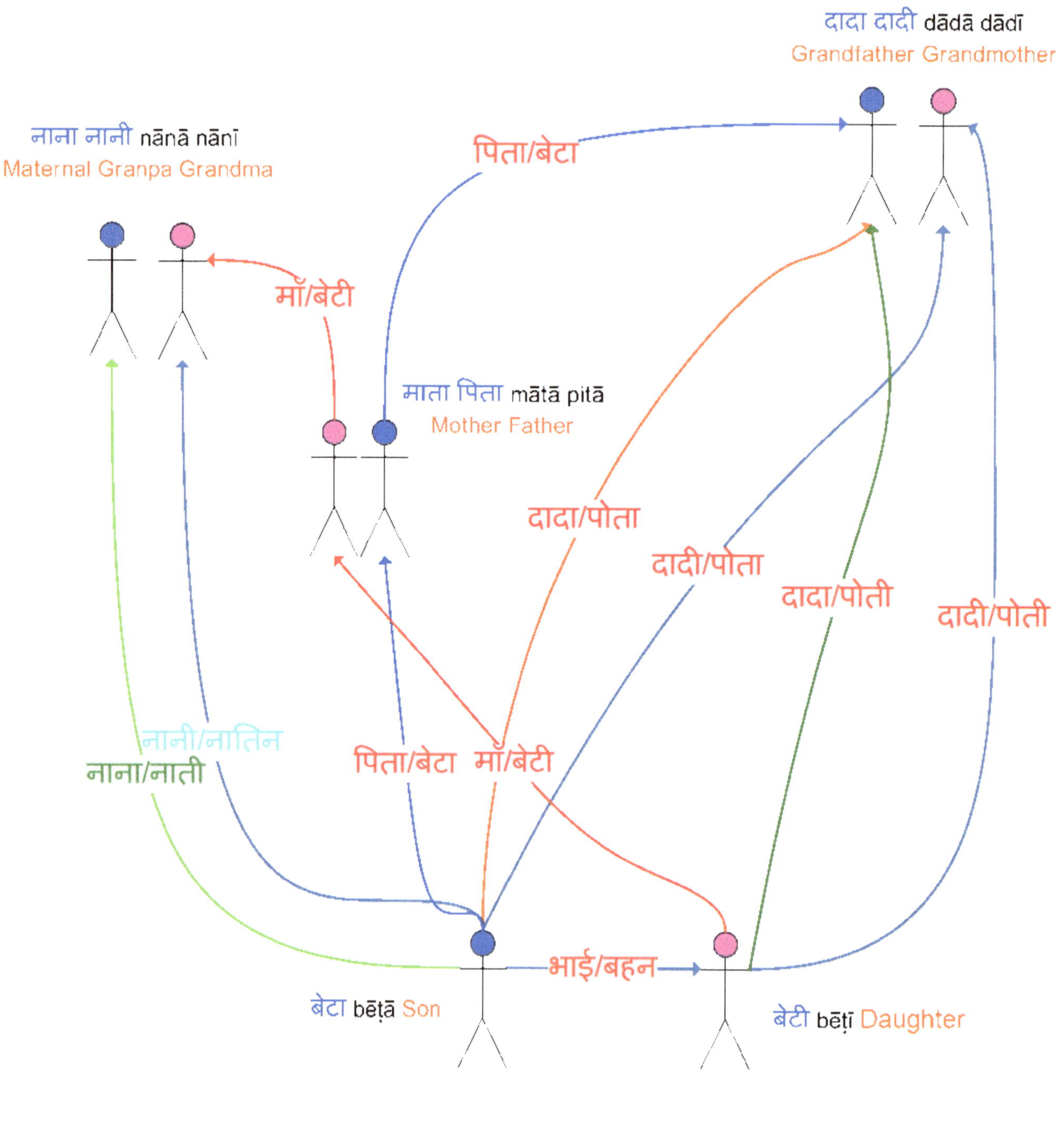

नमूना प्रश्न पत्र namūnā praśna patra Sample Test Paper

अपना नाम लिखो: ______________________________ ८ अंक

Your name in Devnagari (Hindi) script

१. वर्णमाला को खाली जगह भरकर पूरा करें **Complete the alphabet chart by filling in the missing letters** **३२ अं**

अ					ऊ
ए				अं	
	ख				
		ज		ञ	
			ढ		
त				न	
	फ		भ		
य					
	ष		ह		
क्ष		ज्ञ		ड़	

२. गणित को पूरा करें Complete the math १० अंक + २

१ + ५ =   ९ + ५ =   ६-४ =   २ + ६ =

२ + ७ =   १०-६ =   ८ + ४ =   ६ / ३ =

३. गिनती लिखो Write the numbers १० अंक

एक ek	दो do	तीन teen	चार char	पाँच paanch	छह chah	सात saat	आठ aath	नौ nau	दस dus

४. चित्र को अक्षर से मिलाएं Connect the picture with starting letter १० अंक

त

छ

ढ

ग

च

ज

झ

आ

ट

घ

५. चीजों के नाम का पहला अक्षर लिखें Write first letter of things name in Hindi १० अंक

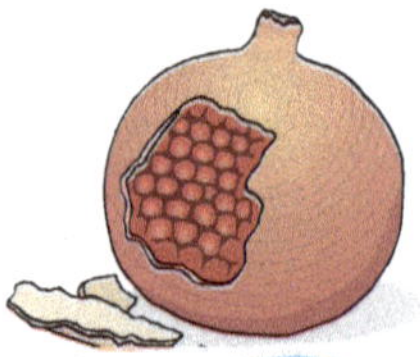 ______

 ______

 ______

 ______

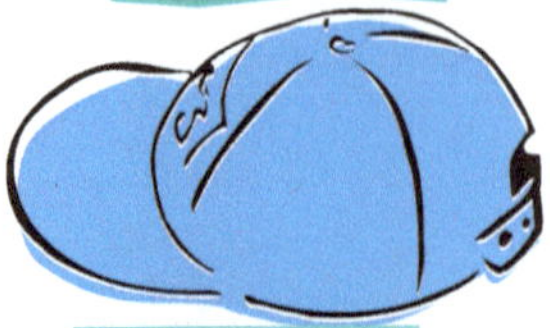 ______

 ______

 ______

 ______

www.ingramcontent.com/pod-product-compliance
Lightning Source LLC
Chambersburg PA
CBHW061104070526
44579CB00011B/132
9781956679045